JN440593

북창 넋두리

북창 넋두리

송귀영 제14 시조집

한국문화사

시조 속에 삶을 흔드는 북창 넋두리

시조는 3장 6구 12소절에 정형의 틀 안에서 시인이 서정을 가장 짧고도 명쾌하게 제시할 수 있는 세계 유일한 문학 형식임에는 틀림이 없다. 우리시조는 민족정신의 결의를 시대정신과 더불어 표현해온 민족적 장르이다. 시조는 요람에서 무덤까지 인생 역설의 장치로써 억양의 침묵을 넘어선 투사投射이다. 시조가 모든 생물의 존재와 생명을 해설하는 총서로서 일찍이 알려지지 않았고 앞으로도 알려지지 않은 미지의 세계를 겨냥하는 언술을 뒤쫓는 것이다. 시조가 인간 심상의 기록적 형상화의 목적물이며 섬세한 프리즘에 나타나는 경이한 빛 색깔의 시공 포착이 아닐까. 그래서 시조의 본질을 한마디로 단언할 수 없고 그 본질이나 속성을 조금이나마 아주 날카롭게 또는 재치 있게 순간 포착해서 파악하는 일이라고 생각한다. 훌륭한 시인이라면 자만하여 거들먹거리지 않고 더욱더 좋은 작품을 탄생시키고자 부단한 노력이 수반되어야 한다. 이번에 상재한 '북창 넋두리'는 열네 번째 작품집이다. 131편을 정리하여 묶었으나 작품집을 상재할 때마다 아쉬움이 남는

다. 미흡한 창작의 경륜은 무엇보다 내면을 향한 깊은 성찰과 자연을 향한 투명한 시선으로 담보된다는 점을 알고 있으나 워낙 나의 글재간이나 능력이 닿지 않음을 솔직히 고백한다. 그러나 시조 속에 삶을 흔드는 "북창 넋두리" 같은 나의 고백은 형체 없이 안개처럼 떠다니던 아픔과 고통의 실체를 인식하게 하고, 어둠속을 헤쳐 나올 수 있는 위무의 힘을 준다고 믿는다. 세상 만물이 다른 존재의 공명을 통한 한 생명에 숨결을 이어가게 하듯이 말이다. 한 편의 좋은 시를 음미해 보면 상처 난 마음에 치유하는 힘을 발휘하고 살아가는 삶을 바라보는 시각까지 바꾸기도 한다는데, 나의 시조가 혹시 그런 역할을 한다면 참으로 기쁜 일이다. 빈 가지이고 허술해도 나의 시조 세계를 만들기 위해서 두꺼운 시조 빙하의 숨구멍을 열심히 뚫을 것이다. 바쁘신데도 작품해설을 써주신 이광녕 박사님과 제자를 써주신 채현병 사백님, 그리고 표제화의 아름다운 그림을 제공해주신 이숙영 화가님에게 감사의 말씀을 덧붙인다.

2019년 새해를 맞이하여

서시

- 노송의 진액 -

송 진액 흘린 만큼 관솔로 여문 덧살

귀 한 분 맞이하듯 미소 띠는 기쁨으로

영 천에 솔향기 띄워 오래두고 품으리라.

시 퍼런 청솔가지 청절의 수액 훑어

세 파를 우박질러 돌아올 날 끼워 넣고

계 곡의 고인 물결에 시 한 소절 헹궈본다.

■ 차례

제2부 유랑자의 꿈

제3부 삶의 여울목

제4부 바람의 언덕

제5부 봄이 오는 소리

1부
광장의 노숙자

훌쩍인 눈시울에 서러움을 쓰다듬고
실종한 욕망들이 습기처럼 젖어드는
광장의
분주한 소리
귀를 닫고 외면한다.

비움

산하의 색깔 바꾼
단풍도 막바진데
절묘한 가슴 비워
가벼움을 얻기까지

줄이고
버리며 뱉어
무거움을 덜어낸다.

무성한 풀잎들도
가볍게 몸 말리고
물든 잎 투명하게
여의면서 길을 트면

턱없이
가벼워져도
비울 것을 다 비운다.

미생

토종닭 벼슬 세워 홰를 친 열린 새벽
먼동을 걷어내어 어질 머리 꽂은 솟대
맨발로 헛발질하다 돌부리에 채인 미생.

노을이 가려질 쯤 빗기는 허공 속에
허물어 어린 얼굴 뜬금없이 달로 뜨면
무한의 푸른 하늘에 죽지 꺾여 멍든 미생.

파르르 입술 떨며 수천의 한숨으로
날 선자 등 떠밀려 아찔하게 울부짖다
발바닥 아린 냉기에 뼈 속 깊이 파인 미생.

인생도정

반생을 금 근 세월 후회도 접어 넣고
나이테 감아 돌아 젊은 날을 훔치면서
욕망은 천길 어둠을 하늘 높이 담아낸다.

회한을 움켜쥔 채 원한도 부풀리고
또 다른 숙명 앞에 잔털 세워 삐져나와
운명은 버거운 삶을 끈질기게 동여맨다.

눈시울 핥고 가는 뒤섞인 빛과 그늘
숙연한 긴 침묵이 발등 위에 꾹꾹 찍혀
고통도 잠시 비껴간 떨린 몸을 추스른다.

고달픈 인생

숱한 한숨
품은 채 흘러가고
한생을 사는 동안
꺾이고 굽이지며
수많은
우여곡절을
겪으면서 걷는 거다.

자신을 지탱하기
버거운 인생살이
나달이 멀다면서
고달픔을 등에 메고
겨운 짐
못 덜어내어
짓눌리며 사는 거다.

부질없는 마음

볶아낸 참깨인 양
구수한 말문 열고
서로의 사는 얘기
장맛처럼 익는 덕담
세상사
별것 아닌데
지난 일을 왜 보채나.

떠도는 먼지처럼
하늘이 가벼운데
오묘한 자연섭리
뭇 생명을 품어 안는
한세상
내려다보니
부질없는 마음일세.

고달픈 삶 · 1

철옹성 벽을 타고
시선을 당겨보면
서서히 뚜렷해진
여명속의 끄트머리
한 맺힌
애욕의 빙벽
어둠이 무너지네.

견뎌낸 시간 틈이
너무나 잔혹하여
사는 게 어설퍼서
아랫입술 깨어 물고
뒤돌아
웃어볼 인생
고독의 뼈를 깎네.

고달픈 삶·2

빈 어깨 축 늘어져 뒤채는 섬들에서
한숨도 죄가 되어 길게 패여 주름지고
시름도 뭉쳐 구겨져 돌아갈 길 곧지 않다.

못 자국 녹슨 쓰림 흘린 피 번진 아픔
단단한 팔뚝 살이 삼대처럼 야위어서
매듭 푼 정수리 새로 엄치 끝이 알씬하다.

부활을 하지 못해 인생을 아파하고
오늘이 어렵다고 불면의 밤 사루면서
증오의 선명한 눈빛 관용으로 밀쳐본다.

고달픈 삶·3

천만 근 무거운 돌 힘겹게 굴리면서
한없이 응어리진 세상인심 짓눌리어
빛바랜
얼룩진 생애
남루해서 서러웠다.

내 삶의 무게만큼 하중은 더해가는
오류에 채인 길목 어두움을 걷어차고
무겁게
살아온 집념
희망 불씨 지펴본다.

존재의 입김

고독한 적막 속에 지난날 깊이 재며
어둠을 밀쳐내는 오늘밤의 옅은 불빛
번민을 보듬어 주듯 낙심도 삭혀준다.

부활을 하지 못해 사랑을 아파하던
그 순간 너무 아려 불면의 밤 붙들고서
어젯밤 회귀 못하는 오늘밤이 흘러간다.

지난밤 찬바람이 오늘밤 가슴속에
은근한 요분질로 시공간을 쪼개가며
끝없는 존재의 입김 부질없이 괴어 낸다.

임하사색 林下思索

나뭇잎 틈 사이로
햇빛이 스며드는

오솔길 구부러진
안 갔던 길 바라보며

자연이 전하는 소리
귀 기울여 들어보네.

어스름 짙어오는
찬기가 드셀 즈음

인생길 회상하는
여유시간 짬을 내면

적막이 되레 숨어서
길동무가 되자 하네.

염 念

마음에 낀 거품을 물살로 재워놓고
어디든 부는 바람 방향 따라 등 떠밀려
한 시절 소매를 걷고 깃털처럼 날고 싶다.

목마름 적셔가며 고개를 돌려보면
낮달을 품고 있는 하얀 하늘 달무리에
떨리던 가슴만큼을 햇살 채워 안고 싶다.

흙먼지 털어가며 속살도 씻어내고
깊은 물 고인 곳에 감긴 시간 풀어놓고
한 삶에 한낱 티 없이 거울처럼 살고 싶다.

탐욕

가진 것 하나 없이
태어난 빈손으로
살다가 살아가다
모자란 것 하도 많아
젊어진
탐욕 한 바랑
벗어놓지 못한다.

핏덩이 알몸으로
이 세상 빛을 보고
겁 없이 살을 풀어
부귀영화 누리려고
안달을
걷지 못하는
인생살이 버둥댄다.

광장의 노숙자 · 1

포근한 이불자락 당겨서 덮지 못한
허리춤 추스르는 소박하던 아린 손길
허술한 계단 밑이 대책 없이 무너진다.

훌쩍인 눈시울에 서러움을 쓰다듬고
실종한 욕망들이 습기처럼 젖어드는
광장의 분주한 소리 귀를 닫고 외면한다.

쉰내난 용틀임이 한기를 버티던 날
세한의 광장에서 쓸쓸하게 등을 기댄
서러움 부둥켜안고 겨운 눈물 글썽인다.

광장의 노숙자 · 2

자꾸만 눈에 밟힌 초라한 얼굴들이
버팀목 되지 못해 뼈마디를 구부리고
닿을 듯 닿을 수 없는 여한들이 몰려든다.

한낮을 비비다가 힘겨운 어깨뼈가
인질에 잡힌 통증 갈망으로 아려오고
기어코 꼽사리 끼어 진한 허기 달래본다.

인생을 도전하고 고독에 휩싸이던
욕망의 찌꺼기를 말끔하게 씻어내고
그토록 올라서려는 지난날을 굽어본다.

광장의 노숙자 · 3

덧댐을 반복하던 우려낸 단상들이
고명을 얹은 말씀 올곧게도 녹아들어
두 주먹 불끈 쥐도록 결기서려 일어선다.

생명의 움이 터서 심저에 가닿는 듯
빈자의 등을 보며 새벽까지 턱을 괴고
비장한 꿈의 자리에 부대끼듯 동이 튼다.

바람이 알고 부는 노숙의 짙은 비밀
갈앉은 명줄잡고 허탈마저 털어버린
긴 세월 허기를 쫓다 한숨으로 목이 멘다.

회한

텅 빈 몸
추슬러서 그리움 베고 누워
아득한 불면의 밤
상심이듯 품어 안고
이 한밤
뜬 새벽까지
생채기로 곪고 있다.

흙탕물
일으키며 젊은 피 빨아먹던
뜬구름 쫓아가며
헛발질로 보낸 세월
정수리
땅에 처박고
뉘우치며 땅을 친다.

부활

앞 향한 발자국이 어찌나 무거운지
한 발짝 내디디면 두 발자국 미끄러진
실패가 덧쌓인 오름 오르기가 어렵다.

세상을 찌르려는 뾰족한 송곳처럼
결기를 다지면서 발버둥을 치던 나날
불거진 힘줄을 모아 다시 한 번 오른다.

살던 땅 비바람을 받아낸 위업으로
만 갈래 그림자에 치욕마저 감내하며
문 열어 앞세운 세월 다부지게 맞선다.

고난의 도정 · 1

무수한 단면마다 시간은 가차 없고
하늘 끝 다독이던 기억처럼 새겨질 때
영욕의 회귀 속에서 다가서는 삶의 비애.

본성의 당혹감은 좌절도 못내 끊고
부대낀 절박함에 겨누듯이 거친 칼날
태고의 울부짖음도 밤을 끌며 깨던 선잠.

질곡의 삶의 자세 아무리 험난해도
시공을 초월하여 넘나드는 한시름에
허리를 곧게 펴고서 선잠 깨워 서고 싶다.

고난의 도정 · 2

하루도 힘든 견딤 등골이 빠진 육신
착지점 가늠 못한 불안한 조급함에
가슴을
요분질 치며
깊이 재는 질긴 심연.

길 위에 흘려보낸 잃어버린 다짐들이
차디찬 하늘 안고 비바람 밟고 간 땅
세한의
먼발치에서
육혼으로 회귀한다.

휘불린 늦겨울에 그림자 끌고 가는
햇살은 솟아올라 살얼음 금이 간 날
서창에
성에가 끼어
입김 불어 녹여본다.

고난의 도정·3

내 삶의 반면이자 인생의 단면인가
굴곡진 삶의 그늘 명암 또한 교차하고
이마에
돌아 스치는
흔적만을 남겼다.

가슴에 담아뒀던 통한의 외침소리
시대를 애도하고 아파하는 실지에서
영광의
그림자 뒤로
희생들이 누웠다.

잠들고 싶은 밤에 유혹을 뿌리치고
고난의 불을 지펴 냉천에서 꿈을 꾸며
남루한
진실을 입고
넓은 강을 건넜다.

야한夜寒의 갈등

발바닥 무디어서 더 갈 데 없는 먼 길
텃새도 추위 떨며 산 그림자 따라가던
호젓한 모퉁이 돌아 오늘이 늙어간다.

아득히 꿈은 깊어 부대낀 갈등으로
품어온 고백 따윈 안쪽 깊게 우겨넣고
시간을 갉아 먹은 채 언 땅이 침잠한다.

어둠의 잔주름에 변명도 힘에 겹고
낯 설은 욕망 끝에 주저앉은 모습으로
야한夜寒의 갈등 앞에서 고독이 치받친다.

세태世態의 부침浮沈 · 1

눈매가 예리했던 허기진 저물녘에
별빛도 못 내리는 발목 채인 헐렁한 삶
세간에 머리를 박고 탄식소리 토해낸다.

기댈 곳 없는 세상 외면한 곁눈질로
질퍽한 남의 삶에 슬그머니 기웃대다
통째로 한생을 훔쳐 감내하는 삶을 본다.

주먹질 할 곳 없어 생살도 옭아매고
삼켜서 넘기기엔 너무나도 아픈 시간
손사래 한번 못치고 흩어진 삶 줍고 있다.

세태世態의 부침浮沈 · 2

적개심 넘실거린 편 가른 삿대질로
허기진 아랫도리 늘어진 채 외면하고
뒤집힌 한때의 꿈도 남루하여 초라하다.

등뼈를 곧추세운 의혹의 눈초리에
참, 거짓 부풀리며 어지러운 탄핵정국
허방에 아방궁 짓다 저민 가슴 불살랐다.

거북한 잡음들을 주말마다 붙잡고서
염장을 훑는 함성 영혼마저 조롱하며
휘두른 두 칼날 끝에 북한산이 실신했다.

삶의 궤촉 軌躅

사무쳐 돌고 돌아 홀연히 멈춰선 길
골속 깊이 흐른 눈물 알뜰하게 훔쳐 담고
한없이 출렁거렸던 늑골 틈이 저려왔다.

하얗게 들뜬 방황 그늘도 못 가리고
비탈길 굽이돌아 깃털 하나 날린 채로
불면이 휩쓴 지난 날 갈빗대가 휘청됐다.

지독한 가난 속에 오므린 한숨소리
빈손을 치켜든 채 짚어보는 정강이 뼈
한 삶에 지친 육신을 세월 틈에 기대었다.

논리의 대립

변이한 다양성은 마땅히 존재하고
사물의 원형들이 자연속의 핵심이라
뿌리째 흔드는 논리 플라톤이 한숨 쉰다.

상상의 재현이야 이념의 전치형식
완벽한 진리라도 세속 따라 변동하고
논리의 대립 속에서 진화론이 재현된다.

변형은 서열 없이 변하는 공존임을
생성의 이데아理念에 불완전을 부정하는
논리를 흔들어가며 다윈이 주장한다.

산창 山窓

지는 놀 지친 억새 바람 불어 힘이 들고
경건한 몸부림에 생을 다한 갈대 잎이
마지막 어깨를 비벼 달빛 아래 바삭댄다.

밤마다 자지러진 바람결 흩날리던
잃은 꿈 활공으로 탈출하는 좁은 보폭
누빈 옷 몇 겹 껴입고 세한 끝을 넘고 있다.

설한에 이명 앓아 듣지 못한 환청처럼
찢어진 문풍지는 아우성을 괴어 내고
방목해 매듭이 풀린 서릿바람 불고 있다.

노년의 초입에서

세월의 무뎌짐에 소중함도 잊어버린
낡은 차 흠집처럼 희끗해진 새치머리
따가운 머리 염색이 귀찮은 지 오래이다.

가치 있게 쓰지 못한 시간은 줄어들고
늙음은 낡아진 것 늘어 날 수 없는 시간
노년에 겪을 후유증 낙엽처럼 덧쌓인다.

몸 안의 장기까지 대책 없이 마모되어
휜 걸음 엇각으로 떨린 두 발 디딘 족적
야위는 양미간 틈새 실핏줄만 굵어진다.

제2부

유랑자의 꿈

고요를 베고 누워 별빛을 찾아봐도
황망한 유랑자의 꿈은 아직 멀리 있고
빛살의
마지막 불씨
젖은 꿈을 말린다.

자화상

무엇을 원하는지 목마른 굳은 얼굴
소매를 걷어가며 외로움에 맞서다가
탈진한 목소리 듣고 잔설 털고 일어선다.

때 절은 옷소매를 바람에 씻으면서
야심찬 부푼 꿈이 구름으로 떠돌다가
먼 하늘 끌어당기며 손을 털고 물러선다.

아리는 언저리에 찢어진 생살 한 점
흙먼지 낀 거품을 맑은 물에 헹궈 봐도
제 힘이 닿지 못해서 절망하며 돌아선다.

참회록 懺悔錄

분노는 슬픔으로 가슴을 후린 상흔
실신한 삶의 무늬 녹물처럼 얼룩지고
역성 든
천년의 변명
애수 배여 침잠한다.

세상에 의탁하여 질펀히 내어지른
참담한 표정 속에 겹쳐 펼친 생의 얼개
내 영혼
아득함에도
노란 안색 젖어든다.

세한 여로

꼭 깨문 젖은 얼굴 꽤 멀리 구름 타고
찬바람 등에 업고 재채기로 나앉은 날
자장가
홀로 들으며
겨울밤을 새고 있다.

험난한 자갈길을 걷다가 발등 붓고
우거진 가시숲길 뒤처지던 잰 걸음에
세한도
설한풍 안고
숨결마저 꽁꽁 언다.

심야의 허상

목울대 차오르는 허허한 외로움은
한숨 진 굽은 허리 천정 위에 매어달고
천년을
건너질러서
까탈 잡는 혼의 소리

투명한 눈금이듯 허공의 늪 속으로
번뇌의 망령에서 의식이 몽롱하던
초월한
순간의 세계
오욕 모아 줄을 탄다.

비 젖은 낙엽같이 회한이 찰싹 붙어
미끄럼 살얼음판 뒤집히기 만양인데
철 지나
딴죽 걸듯이
시린 발목 툭툭 턴다.

빈 몸의 만행 卍行

중생을 미륵으로 보살도 조사되는
의장이 어디 있나 아무 곳에 좌선하고
깨달음
예불독침에
부처가 보일 테니.

향불이 다 탄 뒤에 안거가 끝날 때면
만행卍行을 떠날 빈 몸 바랑 속이 가벼워서
불심은
낮은 곳부터
미륵불을 찾으려니.

몽환 같은 향수

물컹한 흙냄새가
고향땅 향수 불러
돌담에 줄기 뻗은
호박잎이 넉넉한데
허벌진
노랑 꽃술에
희롱당한 벌 한 마리

우화도 아직 이른
세상 밖 이야기가
덤불속 텃새소리
조곤조곤 들려오면
유년의
희미한 기억
어렴풋이 떠오른다.

갈등의 시간

살아온 고비마다 물집 진 굳은살로
팍팍한 저잣거리 버거운 삶 견뎌낼 때
손 한 번 내밀지 못한 여유마저 야박하다.

허술한 노숙자의 힘겨운 저녁 시간
견디지 못한 허기 슬픈 목이 옥죄이고
헛걸음 궁지에 몰려 신음소리 낭자하다.

떠도는 실직자는 육신을 엎드린 채
눈시울 촉촉하여 갈증조차 풀지 못해
밤새워 꿈꾼 허무에 별 떨기만 초롱하다.

* 대중의 고달픈 삶을 통해서 묵묵하게 살아내는 도시의 매 마른 영혼이 외롭고 짜증스러운 생활에 찌드는 현실의 고통이 남의 일이 아닌 내 일로 보고 서로에 빚을 진 형태를 호소한다. 스스로가 허기를 달래며 위로해 주어도 자꾸 시려드는 한쪽 가슴이 무너지고 목이 옥죄는 것을 탄식해 본다. 시대를 관통하는 고달픈 우리의 무거운 삶에 갈등과 고독한 시간을 덜어 주며 감싸 안아 감동으로 아픈 영혼을 위무하고 치유하려는 모습들은 왜 볼 수 없는가.

어둠의 시간

온몸을 떨어보면 설움도 기가 차고
허공에 자유 찾아 오직 멀리 닿으려면
여운이
파열음 싣고
어둠 풀어 헤친다.

아파서 서러운 피 얼마나 흘려야만
속으로 차고 넘친 달군 가슴 떨림 오나
오늘을
질러가면서
가쁜 숨을 고른다.

상흔을 뒤척이며 가지가 떨고 있는
양 귀를 크게 열면 기억 무딘 눈물자국
인생을
벗어 던지고
알몸으로 눕는다.

역易이 동東으로 옮기다

-역동을 기리며-

귀밑의 흰머리가 춘산에 잔설 묻어
"한손에 막대 들고" 탄로 곡을 읊은 그대
후학의 초석이 되어 묵향으로 낭자하다.

사인암 선경후정 석담에 바람 일어
질곡의 한평생을 초개처럼 걸머진 삶
성리는 역易이 동東으로 옮겨와서 역동이다.

영호루 뜬 조각달은 역동의 시상 덩이
활시위, 낚시 바늘, 눈썹으로 묘사했던
선비를 보듬은 시낭 시조단의 보고이다.

유랑자의 꿈

시간을 보듬어서 따뜻이 돌아누워
회한의 언저리에 꿰맨 자국 아물어도
혓바늘 돋는 끝자리 후회만이 넘친다.

아픔을 참다못해 버친 곳 더듬으며
시커먼 손톱자국 멈춘 발길 재촉하는
사족蛇足에 기어간 먼 길 오욕 묻혀 넘긴다.

고요를 베고 누워 별빛을 찾아봐도
황망한 유랑자의 꿈은 아직 멀리 있고
빛살의 마지막 불씨 젖은 꿈을 말린다.

위로의 말 한마디

삭신에 적신 얼룩 말끔히 닦아낸들
날마다 안달할 일 떨칠 수가 없었기에
모가 난
모든 생각들
타래처럼 풀어야지

불타는 속맘 없이 준 사랑 온전 못해
단박에 돌아보며 쓰디쓴 맛 다시다가
능글한
눈빛에 홀려
실눈 뜨고 걸어야지

빈 몸을 덥석 안아 귓속말 들려주던
옛사랑 멀리 떠난 입김서린 외등에서
따뜻한
위로 한마디
들어보고 떠나야지.

인정 認定 욕구

잘하고 싶은데도
긴장은 높아가고

박약한 동기부여
강한 욕구 넘쳐날 때

애써서
몸부림친들
무력감만 머문다.

막걸리 타령 · 1

청춘을 숨 가쁘게 달리듯 하면서도
덧없는 인생자락 한세월이 늘어질 쯤
권하는 술잔 속에서 너털웃음 거품이네.

막걸리 한 사발을 단숨에 들이키며
턱 수염 쓰다듬고 느긋하게 뒷짐 지면
깍두기 시큼한 맛에 하얀 하늘 텁텁하네.

풍류의 옛 선비들 세상사 넘나들며
떠돌다 지칠 때면 술에 기대 읊던 구절
인생사 뜬 구름인 양 허무함을 토했다네.

막걸리 타령 · 2

그 누가 장담했나 주색이 일품이라
인심이 부박해도 주류천하 몽유한데

구름도
빙빙 떠돌다
번갯불로 사라지네.

막걸리 두어 잔에 콧잔등 씰룩대고
홍조 띤 얼굴색이 어깨춤을 재촉할 쯤

때마침
부는 바람에
나비 한 쌍 나풀대네.

메아리 방

보수와 진보들이 서로를 배척하고
가치를 조롱하며 맞부딪친 사회 악습
그 고리 끊지 못하면 대화의 벽 높아진다.

단절의 창이 닫힌 현세를 한탄하는
합리적 목소리도 힐난으로 잠재우고
철저히 편을 갈라서 극한상황 몰아간다.

찬탄贊彈에 촛불 들고 반탄反彈의 태극기로
법치를 내던진 채 상대투항 요구하며
꽉 막힌 메아리 방에 끼리끼리 놀고 있다.

늑대의 울음

눅눅한
늦은 한밤
늑대의 울음소리

기운 달 키우려고
저렇게도 슬픈 듯이

저 멀리
지평을 향해
허기 뿌려 울고 있네.

천 원짜리 국밥

주머니 가벼워서
난전을 서성이다
무쇠 뚜껑 김이 서린
허름한 장국밥집
싼 맛에
허기 채우고
마음까지 데운다.

이퇴계 웃으셔도
목마른 사슴 신세
마음의 근본쯤은
실종한 지 오래지만
손에 쥔
지폐 한 장이
시장기를 달랜다.

척촉躑躅의 설화

동해가 몸부림친 해파람 허리 길에
장엄한 해오름 전 오감마저 안달하며
바다 위 솟은 바위틈 그 사이로 타는 일출

굽이쳐 어우러진 산수는 빼어나서
임해정 푸른 유혹 헌화가에 속살 비쳐
벼랑에 핀 척촉躑躅물고 환생하는 수로부인

설화 속 흘림체의 운치가 고상해도
엇갈려 지나치는 뜬구름의 어지럼증
서툴게 토할 수 없던 유서 깊은 숨은 얘기.

허망한 하소연

밤낮이 같은 하늘 정한의 문을 열고
지옥도 환히 비춰 뒤밟아간 속빈 영혼

꿈에서
입질해 낚은
펄펄뛰는 허무 하나

맨머리 들이받아 멍들어 여울지면
우둔에 밟힌 여독 신음소리 듣던 귓전

끊고 풀
하소연 불러
묶인 한을 풀어본다.

일생

-미수를 앞두고

등짝을 비틀면서 까탈을 부리다가
땅거미 짙어지며 토막 줄이 풀린 자리
제몫도 챙기지 못한
얼간이의 생을 본다.

넓게 핀 검버섯 옆 볼우물 패인 뺨에
잔잔한 웃음마저 주름살로 번진 나달
털어도 털리지 않는
삶의 먼지 끼어있다.

넘길 듯 괴어낼 듯 갈피를 잡지 못한
부대낀 환몽으로 정신 잃은 쪽대문이
채근한 볼멘 소리에
귀를 닫고 빗장 건다.

대학가 뒷골목

야릇한 상상으로 술집이 숨어있던
대학가 뒷골목에 청춘들이 서성이는
추억의 입술을 훔친 욕망의 장소였다

헤벌쭉 잘도 웃는 구두에 물광 내듯
잃어서 얻어지고 얻어서 잃은 것이
누추한 옷차림에도 영혼만은 깨끗했다.

진리를 채굴하여 학구를 밝히던 때
가치를 표현하는 젊음들의 수단으로
열정을 밝히는 촛불 방황기의 골목이다.

제2병동에서

힘줄도 가늘어진 세한의 발치에서
전생에 빚진 날이 얼마나 더 남았을까
어둠이 깊어질수록 병상은 더 서글프다.

꿈꾸던 건강으로 내밀히 퍼진 균菌에
속병 든 뼈 세워도 지탱 못해 쓰러져서
의식도 껴안지 못할 벼랑 끝에 누워있다.

나달이 이울 때면 남는 건 아쉬움뿐
하루를 걸쳐 누워 삶의 촉수 뻗어 봐도
시간이 휘모리 돌려 고통마저 헐렁하다.

당연한 이치

헐렁한 그림자에 저녁을 달군 시간
빛줄기 몰고 오는 껍질 속에 가둔 비밀
별빛은 눈을 감아야 영롱하게 빛을 낸다.

달콤한 격려보다 쓰디쓴 각성으로
인생을 만든다는 세간에서 떠도는 말
기댈 등 내밀지 못한 넉넉함이 인색하다.

네 허물 남의 탓을 모두 다 덮어두고
백설의 하얀 마음 가슴 안에 쌓아두면
하늘은 돕는 자 돕는 그런 날이 올 것이다.

명상

지혜를 다스리는 중후한 마음으로
유불선 넘나들며 두 손 받쳐 좌선하면
멈춤의 미학 추구에 온천지가 침묵한다.

정신을 아우르는 원초적 평온함이
수련은 휴식처럼 내면세계 떠다니며
격세의 예참을 빌어 나의 삶을 끌고 간다.

심저에 가닿았을 꺾어진 슬픈 굴레
낙심한 숨은 사연 옹색하게 드러내어
소름이 돋는 달콤함 신의 숨결 느껴본다.

갈망의 기대

빈 몸을 추슬러도 푹 파인 가슴이라
실성한 눈빛으로 양지쪽을 바라보면
갈망은 닿지 못해도 꿈은 아직 살아 있네.

축 처진 어깨 위에 짊어진 무게만큼
지난날 아우성이 그늘 속에 묻히어도
새 생명 꿈틀거리는 둥지 아직 튼실하네.

소매 깃 들썩대며 석양이 앞장서고
서산에 붉은 노을 손짓도 각별한데
눈 맛은 더할 것 없이 미골 한번 곧게 서네.

실직자 넋두리

이력서 몸살 앓고 실직에 능숙해진
아득한 잿빛 인생 스펙 한 줄 끼워 넣는
고달픈 삶의 쓴맛이 얼굴까지 찌푸리네.

밀도가 높은 영역 경쟁에 노출되어
입으로 씹는 환상 오욕처럼 사는 목숨
드리운 증오의 맛이 비수처럼 날이 서네.

기억을 더듬어도 희망의 꿈은 깨져
더 보탤 군더더기 찌꺼기도 하나 없는
씁쓸한 분노의 맛이 입안으로 스며드네.

제3부
삶의 여울목

달빛을 끌고 와서 허물을 감싸주던
넉넉한 마음한쪽 지독하게 뒤울리면
목숨의
느린 여울목
허벅지게 젖어든다.

선인장

속 깊게
가누어 온 한 자락 몸부림이
한 세월 참아오다
소박하게 꽃을 피워
그 인내
아니었다면
나의 기쁨 없었으리.

사막 아닌
창가에서 제몫을 살아왔던
군담의 언저리에
속박으로 삭힌 다짐
분노를
가시로 찔러
애달픔도 넘쳤으리.

의혹과 진실 사이

-미비마우스의 띠-

영지에 그늘 가릴 담장을 높이 세워
특권이 무엇인지 저 난리를 치고 있나
살아서 숨 쉬는 것도 이렇게도 흔감하다,

비선의 실세들이 빌붙은 울타리에
그물코 촘촘하게 개인 연고 줄을 세워
충성의 네트워크로 심복들이 농단했다.

인연에 업혀왔던 영매의 상계점上繼占이
합일 법 농단으로 측근들의 비럭질에
속고도 속은 줄 몰라 청와대가 무너졌다.

교향곡

-신세계 교향곡-

절묘한 다중주 공연장 술렁이면
악장이 나비처럼 하얀 장갑 나풀대고
장엄한
실존의 연대
꿈틀대는 혼의 예술.

은은한 황홀감에 감정을 조절하고
겸허한 한 순간에 모든 잡념 정화시킨
존재의
시공을 넘는
중독성의 제9악장.

* 드보르 작 환상의 교향곡

세계의 시선

집안에
싸움질이 끝없는 극단까지
세상사 뒤집혀도
부릅뜬 눈 안쪽으로
너와 나
담을 쌓으며
끝장을 보려 한다.

기이한
이간질로 갈등을 부추기고
우리식 논리대로 이 독특한 가치주장
세계의
궁금한 시선
서울을 째려본다.

허구의 촛불

숫자를
뻥튀기다 스스로 무색한지
교묘한 합리화에 촛불 맞춰 춤을 춘다.
사기극
불러낸 촛불
편향의 극치이다.

다수가
세력인 양 광장의 억지 주장
언론이 따라가고 정치권이 뇌동한다.
반대와
비슷한 찬성
밑바닥에 민심 있다.

성난 파도

드넓은 푸른 색깔 만 갈래 외침이다.
굽이쳐 밀려드는
하늘바다 접신이다.
누 억 년
변화무상한
자연의 트림이다.

월력月力에 이끌리어 뒤트는 몸짓이다.
밀리고 굽이치는
망나니의 칼춤이다.
훑어서
솟구쳐 오른
딸꾹질의 절정이다.

천태만상

받아낸 더운 피를 투석한 현기증에
희미한 지문 사이 빠져나간 빈껍데기
혀 물려 멈추게 한 밤 어쩌라고 거품 무나.

세상에 버거운 짐 가벼운 솜털처럼
끈 풀어 뛰고 싶은 생각 차츰 접어두고
차갑게 허기진 얼굴 왜 등골을 찌푸리나 .

잔걸음 질척대는 엉켜진 인생길에
생채기 움찔하며 감겨드는 북받침이
외마디 결기의 소리 다부지게 게워내네.

석우 시비 앞에서

오석의 검은 때깔 석공의 손을 거쳐
넉넉한 모습으로 세상 빛을 보았으니
시조 혼 몸에 두르고 여기 우뚝 섰더라.

한 생애 시조의 길 남보다 앞질러서
치열히 사유 닦아 우리가락 빚더니만
율격이 살아 있는 행 격조 또한 높더라.

후학에 꿈을 주고 모범을 두른 인품
등림에 년차 육십 문단 사에 유례없는
이만 수 큰 그의 업적 시조 향기 깊더라.

시인의 업보

사색에 풀무질한
뜨거운 박동의 피
의식을 일깨우며
시조 한 행 빚어내면
번뇌에
방황하던 넋
흔적으로 아롱진다.

욕심을 버린 것도
영혼을 얻은 것도
건필할 집념 있어
오늘까지 나를 잡아
세속에
죄지은 업보
감내하며 지탱했다.

반함

육신의 영혼마저 떠나는 이승에 길
배고파 허기질까 배 채워서 고이 보낸
현생에
최후의 만찬
거뜬히 잡수소서.

한평생 온갖 풍상 영욕을 지켜온 삶
인생의 막다른 길 한 스푼의 반함으로
산자와
별리한 순간
모든 허물 벗으소서.

* 반함 : 염할 때 물에 불린 쌀을 망자 입에 넣어주는 의식

삶의 여울목

껄떡한 한숨마저 쥔 가슴 뻗지 못한
한밤을 끓이다가 돌아치던 기억 너머
간절히 뿌리친 소망 해진 상처 파고든다.

구릿빛 살갗으로 더운 빛 받아 안고
바람도 한 점 없는 그늘막을 찾던 눈짓
비릿한 야윈 땀방울 생혈처럼 쏟아낸다.

달빛을 끌고 와서 허물을 감싸주던
넉넉한 마음 한 쪽 지독하게 뒤울리면
목숨의 느린 여울목 허벅지게 젖어든다.

시간의 벽

밤낮을 함께 묶어 오롯이 살을 풀고
웅크린 탐욕들은 속내까지 출렁일 때
시간을 가두어 놓고 객기까지 부린다.

맞물린 갈등 속을 어둠이 막아선 벽
허공에 목매여서 떠밀리던 벼랑 끝에
양미간 핏대를 세워 정수리가 아리다.

엇각에 긁힌 상처 낯 설은 고독으로
살가운 잠언마저 귓전에서 맴도는데
시간은 자꾸만 늙어 조급증만 더한다.

텅 빈 들녘

고개를 치켜들면 꼬투리 잡힐까 봐
조심히 다가서며 자존심도 구겨 넣고
육중한 바위 틈서리 슬그머니 기댄다.

아직도 쓰린 흔적 빛바랜 하얀 얼룩
깨무는 입술 위로 사려 누운 꽃잎들은
남몰래 엽육葉肉을 씹어 빈자리를 채운다.

심연의 푸른 늪에 세속을 붉게 태워
잔열은 사위어서 희끗하게 넋을 잃어
흥분도 마냥 쫓기다 헛기침만 뱉는다.

거문고

팽팽히 줄을 걸어 몸통을 부여잡고
그토록 갈망했던 민족혼이 박힌 뿌리
뜨겁게
이어 부르던
청아한 학의 울음.

내밀한 연의 가닥 티라도 얼룩지랴
뜯고 또 뜯어왔던 옹이처럼 한이 박힌
천년의
속내가 서려
감아 도는 숨찬 소리.

목줄

쓸쓸한 겨울바람 섬돌이 시려지면
절실함 더해져서 받고 싶은 마님 사랑
무한정 연모한 죄 값 못 벗어난 목줄이다.

댓돌을 머리 괴고 긴 밤을 지새우다
속울음 훑어내며 저린 발을 오그려도
뼈대가 다 드러나는 볼모 잡힌 사슬이다.

주인장 인기척에 행여나 관심 줄까
엎드려 살핀 눈치 기지개로 응답하며
반가워 꼬리 흔들고 목줄 건 채 일어선다.

교차로 군상

아침을 공회전한 참 바쁜 출근시간
점멸의 신호등은 표정 없이 손짓하고
일상은 깊은 순례에 볼모 잡혀 웅크렸다.

마음에 품고 있던 욕망의 먼지들이
쌓이는 피로감에 허기져서 빛진 하루
발등의 성긴 눈발은 바람에 홱 쓸려간다.

조여든 가슴 펴고 고독을 터는 동안
흥건히 젖은 애증 고달픔도 삭지 않아
자꾸만 내민 손으로 도굴당한 갈증이다.

탈속의 공간

-청평사에서-

부도로 추정되는 천년의 장궤합장
청평사 초입 길에 승탑 하나 홀로 섰다
오봉산 산 그림자를
영지 위에 드리운 채.

방동리 산기슭에 세 봉분 숨은 비밀
장절공 장군묘의 황금두상 어디 묻혀
맥국이 사라진 땅에
묵언으로 누웠겠다.

회전문 들어서면 속세를 넘나들던
탈속의 공간 사이 불佛의 세상 다가서고
공신은 전설을 품고
침잠하는 고려의 혼.

유년의 험로

얼굴도 아릿하던 어릴 적 아비 잃고
오롯이 자수성가 희망의 끈 부여잡던
야무진 삶의 억척에
고명 얹어 휘감았다.

한때를 배회하던 매달린 얼룩인들
곁눈질 뜨거워서 달무리에 젖을까 봐
갈수록 건너갈 길이
너무 멀어 애가 탔다.

잘 빚은 덩어리에 날선 삶 끌어안고
삼켜서 넘기기에 너무나도 벅찬 목젖
깨금발 등짐을 지고
겨운 꿈을 꾸어왔다.

서툰 추억 줍기

사무친 그늘 아래 두 주먹 불끈 쥐고
가슴속 패인주름 펴지 못한 진한 사연
이겨진 아린 추억에 허물 벗겨 씻겨낸다.

목메어 흐느끼며 껍질이 얼룩지는
울음보 터트리다 열린 길이 닫힌 한때
그 추억 퍽 차게 즐겨 그늘 한 채 품고 있다.

하얀 뼈 추스르듯 비껴간 아픈 추억
내안에 걸머진 짐 무거 움도 감당하며
들뜬 맘 주체 못해서 눈시울을 붉히었다.

그리운 고향 · 1

타향의 설움안고 탕자의 떠돌이로
잔주름 펴지 못한 손때 묻은 마른 눈물
뒷모습
보이기 싫어
누추하게 돌아서네.

목말라 사무친 꿈 고향을 건너던 밤
묻어도 썩지 않고 파고드는 고달픔에
언약은
육탈이 되어
희미하게 손짓 하네.

등뼈를 곧추세워 향수에 짙게 젖은
가로등 외진 불빛 취하듯이 기대서서
감정의
둑이 무너진
향수조차 혼미하네.

그리운 고향 · 2

옷깃을 추스르고 먼 산을 바라보며
마음은 닿았어도 발걸음이 적조했던
이제야 찾아와 보니 유년시절 삼삼하다.

모처럼 가슴 열어 걸음을 재촉하고
갈수록 조급해진 고갯마루 넘어서니
낯익은 마을 초입이 살갑게도 맞이한다.

발 디딘 저녁노을 앞산에 숨어들면
돌부리 걷어차인 좁아터진 꼬부랑길
가쁜 숨 잠시 멈추고 안부 물어 귀를 연다.

북창 넋두리

투명한 유리창에 역광이 굴절하면
희멀건 구름 한 채 마음대로 떠다니다
햇빛을 가로막고서 산그늘에 드리운다.

윤회로 스친 눈길 쌍별이 뜨는 밤에
부엉이 울음소리 밤 깊은 줄 모르는데
땅거미 끌어안고서 달뜨기를 기다린다.

속죄의 마음인 양 넋두리 입을 막아
수습한 잔해조각 혼을 빚어 끌어안고
설움을 풀무질하며 검은 속내 태워본다

둥근달 품고 싶다

산그늘 눕힌 곳에 옛 숨결 늘어지던
한숨도 내려놓은 감춘 속내 헤쳐 놓고

누워서
볼 수 없는 달
가슴팍에 품고 싶다.

간밤에 다녀왔던 꿈속을 서성일 쯤
달빛을 손에 들고 꿈결이듯 더듬다가

두 팔을
활짝 벌려서
둥실 뜬 달 안고 싶다.

신앙을 갖는 의미

박복한 삶이라도 진리에 닿으려면
합장한 기도 따라 찾아 헤맨 묵시록을
신이 간 길을 밟고서 복음으로 받아든다.

가슴 벽 치고 흐른 감사의 환희 속에
하늘땅 계시 따라 회개하는 마음으로
고통을 다 받아 안고 잠언처럼 살아간다.

고달픔 소진시켜 신이 준 인도대로
더 빨리 가고자 한 삶의 속도 늦추어서
믿음이 있는 세상은 영생 길이 뚫려있다.

삶의 행로

내세의 속박 속에 벗어난 삶의 행로
선명한 저항의식 감각으로 담아내고
갱생의 삶을 추구한 연민으로 아우른다.

묵묵히 아파하며 고된 삶 건너오던
너무나 따가워서 통증으로 쓰러져도
지쳐서 만신창이 된 무딘 손을 휘젓는다.

흉터가 무늬되어 고통은 아직 남아
손톱에 긁힌 자국 핏발마저 선명하여
실망의 욕된 여생이 바람처럼 스쳐간다.

불혹을 넘긴 나이

정수리 가르마에 새치가 돋아나는
덤덤한 세월 흘러 또 하루를 포개면서
금이 간 녹슨 거울 속 흰 머리칼 뽑고 있다.

눈길이 무표정한 빈 가슴 비껴 앉아
뒤채던 먼 꼬투리 참지 못한 악바리로
수없이 무너져 내린 저민 가슴 토닥인다.

별빛이 심란하여 그림자 뒤에 숨긴
예리한 손톱 끝이 무던하게 둔감해도
무겁게 가라앉히는 디딘 자국 선명하다.

제4부
바람의 언덕

산허리 중턱에서 풍차는 바삐 돌고
적막을 걷어내는 칼바람이 숨은 자리
단박에
둔덕을 지나
용케도 불고 간다.

기다림

봄바람 잔잔하니 가지가 흔들리면
넌지시 품은 속내 오지랖에 스며들어
행여나 그대 올까 봐 추스르는 조바심.

서천에 밝은 달이 앞산에 걸릴 때면
산그늘 밟으면서 그대 문득 찾을거나
발자국 서성거리며 훔쳐보는 사립문.

풀벌레 울음소리 뒤뜰에 숨어들면
허전한 내 마음을 달랠 길이 막연하여
푸념을 혼자 삭이며 건너 지샌 새벽녘.

해조도 海鳥圖

태초의 바다에서
파도가 덮쳐 만든
솟구친 바윗돌이
형형색색 단을 빚어
띠처럼
갈라놓은 층
원초적인 계단이다.

바다에 뿌리내린
갯바위 절벽 끝에
왜가리 한 마리가
홀로 서서 졸고 있고
한가히
지나는 어선
해조도가 따로 없다.

골목길

형광등 백색불빛 파랗게 내려앉은
잠 설친 골목길이 썰렁하기 짝이 없고
오늘이
정색을 하며
어둠속에 묻혀간다.

휙 채간 날선 바람 스쳐간 초저녁에
오른쪽 골목으로 발걸음을 꺾었지만
미로의
부딪힌 벽에
오던 길을 되돌린다.

노거수 老巨樹

둥치에 옹이 박혀 흰 눈물 흘리면서
그토록 오랜 세월 어이하여 견뎠느냐
수백 년 살아오면서 못 볼 것도 보았으리.

현자의 헌신처럼 속내가 웅숭깊어
한동안 설렁거린 오랜 기억 되살리면
초입의 마을 어귀에 발자국도 지었으리.

풍상을 걸러내듯 껍질 벗겨 터진 둥치
살다간 옛 사람들 맺힌 사연 다 알면서
옛 얘기 입 열지 못해 가려워서 드셨으리.

짝사랑

실바람 손에 쥐고
꽤 멀리 웃고 섰던
그 사람 끌어당겨
내 옆에다 앉혀놓고
현생이
끝날 때까지
두고두고 보고 싶다.

마음에 집진 사랑
죄 될 줄 미처 몰라
그 시절 안쓰러워
너울 타는 영마루에
눈길도
주지 못했던
아쉬움이 아려왔다.

아내에게

비루悲漏한 인생 골목 그늘을 빗겨 서서
값 비싼 사치 아닌 헐값으로 챙긴 행복
너스레 떨어가면서 가끔씩 농을 친다.

가난을 견딘 세월 아내 손 만져보면
손마디 굵어진 삶 고달픔이 더해져서
맞비빈 손목을 잡고 서로를 도닥인다.

연치가 더할수록 알뜰히 때깔 빚어
농익어 정이 감긴 두루마리 사랑으로
수궁 속 깊은 침실에 편안히 잠재운다.

밤의 침묵

지긋이 눈감으면 허공에 뜨는 얼굴
숨소리 길게 뻗친 오는 세월 건너질러
전해온 옛 사연들이 귓전으로 스친다.

창밖에 깔린 어둠 그늘에 끌려가고
남몰래 번진 하품 지루함에 졸리어서
아랫목 비운 자리로 이불 덮고 눕는다.

꿈 많던 젊을 적에 푸드득 죽지 펴며
거칠 것 하나 없는 괴이 없던 너털웃음
물빛에 번진 꿈결이 뚜렷하게 서린다.

널뛰기

치마폭
날리면서 경탄의 몸짓이다.

창공에 구름 타는
활강의 쾌감이다.

우라질!
생살 녹이는
안도의 귀착이다.

상대가
높이 뛰면 나 또한 높이 뛴다.

짜릿한 순간 느낌
무지개의 몽상이다.

제기랄!
간담 서늘한
찰나의 전율이다.

배신의 굴레

불신의
감염균이 독감을 퍼트리고

몸살로 독한 감기
몸져누운 검은 망토

엉켰던 배신의 굴레
흥분으로 뒤챈다.

배신에
덫을 씌운 욕망의 전염력은

고뇌를 강제하여
어리석게 빠진 악령

이제는 체념의 바퀴
차분하게 굴린다.

낙조대

낙조대
올라서면 허울을 벗는 바다
푸르게 물들었던
다도해가 사라질 쯤

어둠은
파도를 삼켜
몸을 비튼 트림소리

영산강
삼학도가 덤으로 굴러오고
원경의 취한 넋에
고깃배는 가물거려

이난영
"목포의 눈물"
한 소절을 흥얼댄다.

물 빠진 연못

연꽃이 피어있던 그늘이 서던 자리
바닥이 다 드러난 마른 진흙 갈라지고
유유히 노닐던 붕어 지금쯤 어디 있나?

들바람 잦은 숨결 그때도 지금인데
먼 훗날 이곳에서 오늘 일을 모르노니
물방귀 원을 그리던 옛 물결이 삼삼하다.

무심히 돌아서면 뒷모습 초췌하여
외로움 흘깃거린 숨긴 사연 아득한데
지금은 휑뎅그렁한 연못 둑이 높아 뵌다.

심봤다!

비탈진 계곡 아래 떨어져 뒹굴다가
차가운 벼랑 끝에 머리채를 풀어놓고
삼 메로 골짝을 훑던 술래잡이 낭인이다.

산 흙에 뿌리박고 남몰래 몸을 숨겨
비바람 맞서가며 맨몸으로 담은 영기靈氣
인간에 보시하는 날 저보란 듯 우쭐댄다.

다독여 헤맨 자리 옆치기로 훑어보다
햇살을 다독이던 저 건너편 응달쪽에
잡초의 허울을 벗고 고상하게 나타났다.

초승달

산골에 별빛들이
소복이 쏟아지는
미인의 눈썹 같은
초승달을 보려다가

달무리
속울음조차
듣지 못해 돌아서네.

세태에 찌든 때를
한 움큼 씻고 나서
젖은 발 헛디딘 날
길손들은 잠 못 들어

속 시려
품은 사연에
초승달이 영을 넘네.

약수터

산중턱 오목한 터
청청한 수맥줄기

산짐승 지나다가
목을 축인 옹달샘에

오늘도
뭇 사람들이
약숫물로 담아간다.

가뭄이 여간 아닌
물 고인 약수터에

하루를 산책하듯
새벽같이 달려와서

물 한 통
받아들고는
끙끙대며 하산한다.

설악산 일몰

무심코 손 내밀면 대청봉 해 기울고
발자국 디딘 소리 바람으로 잠재우던
세월 끈 서서히 풀어 오늘 다시 여기 섰네.

모처럼 마음 열고 조용히 귀를 열면
산새가 노래하던 떡갈나무 훑어보고
서녘 해 베고 누워서 구름 보며 눈을 감네.

등성이 흠뻑 적신 산그늘 드리우고
애가 탄 아린세월 계곡물도 흐르는데
저녁놀 빛을 훔치려 먹구름이 몰려오네.

뱁새의 둥지

덤불속 어린것들
남몰래 숨겨놓고
매서운 눈초리로
낯선 기척 경계하며

모정의
끈질긴 집념
어둔 길목 지키네.

바람이 스친 둥지
깃털로 품어 안고
제 새끼 지키려는
은밀한 보금자리

아직도
핏덩이 어린것
머리 들어 어미 찾네.

몽돌이야기

서로가 몸을 비벼
모난 곳 깎일 때에
외로움 무던해서
갈매기와 어울리며

속마음
슬며시 열고
소곤대며 굴러봤지.

파도에 이끌리어
밀리고 휩쓸리다
짠물에 헹구면서
마모되던 모래톱에

둥글게
몸을 굴리며
몽돌로 태어났지.

숲속의 풍경

여기쯤 멈추라며 들꽃이 발목잡고
보살핌 없는 잡초 제멋대로 키를 재며
다람쥐
꼬리말고서
숲속으로 숨어든다.

우거진 덤불 사이 엿보던 곤줄박이
부리에 먹이 물고 둥지 안에 날아들어
주변을
한번 살피다
새끼 입에 넣어준다.

바람의 언덕

언덕에 올라서서 선 채로 벌린 가슴
켜켜이 쌓인 울화 날려 보낸 허공으로
바람은 트지 않은 길 스스로 찾아 분다.

산허리 중턱에서 풍차는 바삐 돌고
적막을 걷어내는 칼바람이 숨은 자리
단박에 둔덕을 지나 용케도 불고 간다.

경계가 불투명한 황망한 공간으로
바람이 쓸고 가면 침묵만이 아는 대답
자연을 다스린 파동 한없이 불고 있다.

아버지의 길

발걸음 뗄 때마다 아득한 한치 앞에
새벽을 어깨 메고 벼룻길을 나선 초입
혼절의 낭떠러지에 새벽달이 기운다.

천만근 무거운 몸 별들도 졸고 있는
한줌 빛 삼킨 어둠 허공 향해 쪼아대고
쉼 없이 풀무질하는 생애 길을 빗장 푼다.

가풀막 올라서면 하늘이 뚫려있고
된 바람 훔친 땀내 머리카락 쓰다듬던
걸어갈 아버지의 길 힘줄처럼 불거진다.

전철역에서

짓눌린 발꿈치가 더께의 굳은살로
끈질긴 목숨들은 반쪽 마음 추스른 채
퇴근길
몸부림치며
하루 일수 찍고 있다.

삽삽이 말 못하는 질펀한 사연들은
덤으로 추가 달려 고달픔을 견뎌가며
천만근
무게를 달고
삿된 삶을 쌓고 있다.

힘줄이 오그라진 눈빛은 애잔하여
지하철 통로에서 남루하게 구걸하던
뼈저린
생의 뒷등이
눈에 밟혀 서성인다.

숲길을 걸으며

살며시 팔짱 끼면 심장이 뛰는 소리
꽤 멀리 나앉은 날 저녁노을 손에 쥐고
느긋이 몸을 뒤틀어 돋을새김 느껴본다.

양지쪽 가장자리 들찔레 향기 짙고
땅거미 내리기 전 한숨 돌린 계곡 아래
산바람 거칠 것 없이 시나브로 불고 있다.

미세한 맥박 뛰는 등 기댄 나무 사이
외진 숲 덤불 속에 몸을 숨긴 산새들이
불청객 인기척으로 허겁지게 놀라 난다.

설악 공룡능선

아찔한 신의 작품 운무에 뜬 봉우리
청룡이 몸을 트는 동양화가 펼쳐진 듯
산 뿌리 시원히 뻗어 청량함이 그지없다.

중턱에 피어나는 야생화 지천이고
한걸음 옮겨보면 입을 다물 풍광들이
절벽의 아찔함에도 순례길이 아름답다.

목덜미 버근하듯 우뚝 선 괴암괴석
여정의 환기인 양 산봉우리 드높은데
설레듯 겹친 상쾌함 여운마저 오래 짙다.

얼음 꽃

잔설의 틈서리에 고통을 견디면서
짓밟힌 잡풀처럼 촉을 자꾸 내민 근성
한 봇짐 꾸린 넋두리 꽃줄기에 성에 낀다.

떠돌다 멈춘 목숨 서릿발 통증으로
맨살이 벗겨지는 손때 터는 긴 이랑에
돌부리 헤친 사무침 하얀 뼈로 얼고 있다.

꼬투리 덜미 잡혀 넋 잃고 매달리다
목마른 자화상이 다가서는 낯선 감촉
여리듯 지친 몸짓에 눈발들이 서려있다.

생사의 세월

모체의 자궁에서 맨 처음 근을 박고
엄연히 잉태되어 경건하게 집을 지어
최초의 싹이 튼 씨앗 은밀하게 키워왔다.

세상에 빛을 받고 부모 몸을 벗어나서
젊은 날 내 집 지어 신접으로 둥지 틀어
한평생 꿈만 같았던 이승의 삶 즐기었다.

목숨줄 끊어질 때 자연에 안기어서
성서의 영역 안을 영생으로 파고들어
영원한 영면의 유택 흙속으로 돌아간다.

윤회 輪廻

뒷걸음 주저앉아 헛웃음 데우다가
목 쪼인 발걸음은 향방조차 찾지 못해
아리는 가슴을 치며 금간 생을 돌아본다.

시간에 녹슨 어깨 맨살의 깃을 털고
이따금 바람 불면 날려 보낼 저린 슬픔
세월의 페달을 밟아 생의 원이 돌고 있다.

비바람 번개마저 잔잔히 잠재운 땅
뼈골이 귀의하여 흙속 깊이 파고들어
피륙도 신열에 녹아 아픈 상처 보듬는다.

제5부
봄이 오는 소리

하늘이 금간 자국 구름도 자리 털고
조석에 시린 날씨 봄은 아직 일렀어도
매화 촉
간지럼 증에
꽃망울이 눈을 뜬다.

영춘가 迎春歌

한적한 길섶에서 내 꿈의 새싹 트고
파릇한 풀 냄새가 콧구멍에 스며들면
큰 들숨 몰아쉬고서 하늘 길을 열어본다.

산 까치 뭐 즐거워 은쟁반 쪼고 있나
북풍은 여태까지 마른가지 흔들다가
절기에 등 떠밀리어 손사래를 치고 간다.

지금껏 털지 못한 무거운 짐의 부피
가벼운 깃털 뽑아 먼지처럼 흩날리고
아롱진 봄빛을 모아 꽃소식을 기다린다.

봄의 시샘

하늘 끝 넓은 자리 은하수 흘러가고
꽤 먼 날 홀로 앉아 양쪽 귀를 쫑긋 세워
첫사랑
오는 소리가
계곡에서 번져온다.

봄소식 엿듣다가 쓰러져 자지러진
진달래 꽃 몽우리 가지 끝에 전세 들어
분홍빛
가슴 열고서
봄나들이 하고 있다.

훈풍이 불기 전에 초봄은 먼저 와서
마음이 급한 꽃술 들뜬 속내 부풀리고
춘색春色이
고이기 전에
꼬인 몸을 추스른다.

기다리는 봄

봄바람 안고 서서 스스로 벙글 가슴
봉오리 살짝 내민 꽃향기에 취하려고
홀라당 꼬드긴 시샘 알몸으로 맞선다.

한동안 함께 나눈 달콤한 눈빛으로
말하지 않았어도 원하는 것 알고 있어
원 없이 섭섭지 않아 꽃물 들어 설렌다.

훈풍에 스친 잎이 잔잔히 흔들리면
조아려 품은 마음 오지랖에 훔쳐 넣고
옛사랑 오실지 몰라 조급함이 앞선다.

동백꽃 지다

불길한 모습으로 한세월 천대받다
순간에 떨어지는 장렬하게 거둔 꽃술
낙화한 꽃 이파리가
바람결에 흩어진다.

대문 밖 귀띔이듯 계절의 초입에서
아련한 뇌쇄 끝에 봄이 주는 아쉬움도
꺾어진 객사의 혼절
늦겨울을 밟고 있다.

아직도 볼이 시린 절기의 추임새로
수없이 별을 헤듯 꽃망울을 내탐하다
하늘 밑 인간의 땅에
동백꽃이 뚝뚝 진다.

꽃망울

지금 넌 개화 직전
발화성 불쏘시개
적린赤燐을 확 그으며
불꽃 튀겨 점화하는
내륙의
건조한 표피
입춘이 타고 있다.

벌써 넌 부위부터
꺼풀을 벗는 순간
선지피 왈칵 쏟은
열망으로 토한 숨결
왁자한
화기花期의 향연
주석主席으로 안착한다.

봄바람 났다

경칩의 영역 너머 개울물 깨우면서
절기의 경계마저 희미해진 끝자락에
두텁게 얼어붙었던 흙뭉치가 몸을 푼다.

겨울잠 깨어나는 개구리 풀쩍임도
새순이 촉을 내민 봄의 속살 드러내면
온천지 부스럼덩이 토육土肉을 긁어댄다.

햇살의 크나큰 덕 밭두렁 밟고 가면
발등이 간지러워 굳은 몸도 풀어지고
새 생명 기지개짓에 봄은 분명 바람났다.

계절의 신비

시간의 결을 그은 그 틈새 건너뛰면
미지의 어둠속에 굼틀거린 엷은 숨결
최초의
모든 진실이
우주 안에 담겨있다.

검붉은 야윈 살점 후드득 찢겨졌던
스산한 슬픔들이 꽃 대궁에 매달리어
낙엽이
떨어진 사연
귓전에서 감아 돈다.

계절의 한복판을 지배한 순리들이
질투로 날카롭게 뜨거움을 담아내고
계절이
동력을 뿜어
맑은 하늘 열고 있다.

봄이 오는 소리

부푼 꿈 꿀 수 없어 얼 빛살 싸고돌며
팽 돌아 저리어서 안달하는 고명한 말
상처도 만지면 도져
갈피 안에 멍울진다.

막막한 현기증을 소독한 화사함도
번지는 거품으로 쓰다듬는 봄의 허기
벌어진 이빨 사이로
쓴웃음이 괴어 온다.

하늘이 금간 자국 구름도 자리 털고
조석에 시린 날씨 봄은 아직 일렀어도
매화 촉 간지러움에
꽃망울이 눈을 뜬다.

봄나들이

하루에 몇 번이나 고민한 외출 단장
진한 색 옅은 색깔 망설이는 옷 고르기
봄 타는 여자 앙가슴 알 수 없이 설레인다.

긴 머리 잘라 볼까 손질만 그냥 할까
봄빛은 심란하여 여인네들 마음 같고
봄 색깔 헌걸차게도 꽃바람이 분주하다.

저마다 휑한 가슴 뜸들여 견디다가
감정이 섬세하게 제몫만큼 흥을 품어
춘색도 자지러지게 꽃 비늘로 팔랑댄다.

5월의 편지

푸른 잎 햇살 받고 얼큰히 취해버린
내밀한 사연 담아 흘림체로 글을 써서
물오른 풍성한 속내 못 전할까 안달이다.

초하의 싱그러운 산줄기 계곡 따라
깊게도 박힌 고독 생살 돋듯 돋는 5월
고운님 마주 보듯이 정성 다해 쟁여 쓴다.

노을을 안고 쉬다 서산에 걸린 저녁
뭣 땜에 들꽃 길을 향기 풍겨 열었는지
바람에 우표를 붙여 편지 한 통 띄워본다.

목련화

꽃샘에 춘몽春夢들어 잎보다 먼저 피운
탄성도 오래도록 머물 사이 멀지 않아
화사한 개화의 의지 피자마자 떨어진다.

우아한 여인 기풍 맵시도 고아하던
그 순결 지고 나니 떨군 꽃잎 흉한 몰골
한순간 피운 꽃망울 업을 안고 쓰러진다.

도톰한 질감으로 흠모를 받던 기억
일시에 한껏 피다 게름하게 구겨져도
꽃잎은 다시 태어날 홀씨 하나 품고 있다.

천왕봉에서

뜸했던 발걸음이 봄볕에 이끌리어
이제야 찾아드니 지난 족적 아릿하고
더듬던
오랜 기억이
목덜미를 잡아끄네.

노고단 오른 지가 수삼 년 흘렀건만
산세는 그대로라 새소리도 예 같은데
변한 건
오직 육신뿐
가쁜 숨만 헐떡이네.

노고단에서

숨소리
머문 자리 아쉬움 널려있고
고독을 달래 왔을
등성이는 미동 없이
졸다가
기댄 옅은 꿈
먼 풍광에 눈을 뜬다.

아래로
굽어 봐도 보일 듯 뵈지 않고
귀 여니 메아리가
기슭 따라 번지는데
턱을 괸
틈새 바람이
산 뿌리를 감아 돈다.

칠불사에서

반야봉 뻗친 줄기
천공을 지난 자궁

육 봉의 보쌈으로
터를 잡은 칠불사에

아자방 따뜻한 온돌
난세를 덥혀주네.

세상에 내림부터
시련은 따라붙고

아무리 용을 써도
험한 세파 피치 못해

산사의 목탁 소리가
이 새벽을 훑고 가네.

법화경의 불호령

중생을 구제하는 보광사 미륵보전
대불이 하신 말씀 어리석은 중생들아!
저승을
사기 친 부처
어디서 보았더냐?

법당의 미륵대불 법화경 불호령에
보주를 들지 않은 부처님이 있다더냐?
미리 본
요즘 세상이
저잣거리 말세거늘...

* 초파일 불자가 아니라도 부처님이 오신 날 법화경에 이르신 말씀을 한번쯤 생각하면서 되새겨 보았으면 한다. 무지한 중생들이 시대를 아파하는 오늘을 재조명하여 이 시조로 하여금 치유를 하였으면 하는 바람이다.

광진교에서

옷깃을 매무시고 강물을 바라보면
저 아래 강바닥에 고기떼가 노니다가

물거품
토해 내면서
느긋한 삶 보고 있네.

가로등 얼비치는 잔산한 불살 위로
나 같은 외로운 자 뒷모습을 드리운 채

전조등
분사한 불빛
걸음마저 느려지네.

석양의 댐

온 산을 흠뻑 적신 복사꽃 향기 짙고
팔당댐 수면 위로 물그림자 거꾸로 선

휘영청
보름달빛이
속마음을 비추네.

운무가 피어올라 수변의 맑은 물에
피라미 높이뛰기 경쟁이나 하는 건지

물결도
졸고 있는데
번득 꿈이 깨이네.

백두대간

새소리 귓전 너머 시간이 뚫고 간 길
바람을 채근하며 산기슭을 훑고 가도
허공을 메우지 못한 메아리만 아련하다.

능선에 달라붙어 천천히 내린 뿌리
가쁜 숨 몰아쉬며 발 디딘 영봉에서
바닥을 꾹꾹 밟으며 순백의 땅 바라본다.

덧쌓인 산줄기가 갈래로 주름잡아
뼈 채로 괴어 내는 저 아득한 강의 흐름
확 뚫려 아찔한 원경 벅찬 힘줄 핏발선다.

오솔길에서

살갗이 아려올 때 낙엽은 흩날리고
아직도 미몽에서 깨어나지 못한 산창
등성에 부는 칼바람 허리춤을 추스른다.

모처럼 자리 잡아 몸을 뉘여 잠시 쉬다
불청객 반갑잖아 서로의 놀라움에
경적을 강하게 긋고 높이 솟는 젊은 장끼.

보란 듯 세찬 바람 형체 없이 불어와도
덤불을 뒤흔들며 까투리도 살살 기다
힘차게 퍼덕거리며 숲속으로 숨어든다.

석양을 바라보며

벌겋게 달아오른 햇덩이 꿀꺽 삼켜
엇갈린 조화 속에 잿더미로 남는 분노
하늘의 계단을 밟고 불씨 다시 지핀다.

청명한 물소리가 귀청을 때리는데
앙칼진 샛대바람 목쉰 울음 걷어가고
쏟아낸 파리한 들빛 토담 틈이 쓸쓸하다.

수척한 섬돌 밑에 풀벌레 울음소리
슬픔을 걸러내면 낯섦이 수물거려
시간은 초침이 돌아 이 순간을 지운다.

가을 하늘

창공은 비에 씻겨
티 없이 깨끗한데
지나간 구름 한 점
얼룩질까 마음 쓰여
그 맑음
조심스러워
눈을 뜨지 못 하겠네.

펼치는 넓은 하늘
높고도 청량한데
욕심도 덤이 될까
가만가만 쳐다보니
기러기
한 쌍 날아서
하얀 빗금 긋고 가네.

만추

풀벌레 가늠컨대 어치가 틀림없고
솔바람 살살 불어 살진 가을 천공 높아

들판엔
황금물결이
파도처럼 일렁인다.

들국화 고개밀어 군데군데 이어피고
메뚜기 뒷다리 펴 넓이 뛰기 경쟁하는

산야의
풍성한 속살
살진 소리 들려온다.

가을 강변

늑골에 파고드는 한기도 청승스레
거품을 토해내며 노을빛에 걷어 채여
느끼는 뜨거운 분노 아무짐도 털고 간다.

해 돋는 무렵이면 옆구리 간지러워
현기증 앓고 있는 새벽 달빛 지척일 때
저 휑한 가을 강변에 무서리가 내린다.

현기증 뒤채이던 소슬한 바람소리
석양이 잠들기 전 타오르는 욕망 하나
다 마른 물길이라도 붉은 너울 보고 싶다.

철새 · 1

억겁의 시간 속에 목덜미 밀어올린
마지막 당부의 말 지극하게 다가올 때
고독한 등을 맞대고 삶의 날개 품어 난다.

모든 것 떠나가는
계절의 문턱에서
못 지킬 한낱 맹세
굳건했던 한세상이
허공에
희미해지는
그 시간이 사무친다.

달빛도 스러지는 슬픔을 쏟아내고
윤회의 저 아득한 가을 새가 날던 북향
생멸의 모든 인연을 죄 거두고 날아간다.

철새 · 2

둥지 튼 고향 두고
이역만리 숨찬 여정
탈진해 눈물어린
텅 빈 하늘 공간에서

좌표도
읽을 짬 없이
남쪽으로 머리 튼다.

석양이 주저앉는
북풍을 마주하고
힘겨운 날갯짓에
바람소리 등에 업고

심장을
풀무질하며
끝없이 날아간다.

겨울산 짐승들

바람이 흔든 숲에
가지가 춤을 추면

낙엽은 제멋대로
저만치서 굴러가고

장끼는 목털을 세워
덤불에 숨어든다.

양지쪽 산토끼가
마른풀 뜯어먹다

끙끙댄 멧돼지에
화들짝 놀란 눈알

다시금 응달 쪽으로
잽싸게 달아난다.

■ 평설

굴곡진 삶에서 걷어 올린 깨달음의 시조 미학

– 송귀영 시조집 『북창의 넋두리』를 읽고

이광녕(문학박사, 한국시조협회 고문)

운해澐海 송귀영 시인은 시조단의 으뜸 주자요, 창작에 있어서는 명품을 일구어내는 다작 작가이다. 이번 시조집 『북창 넋두리』가 『여의도 벚꽃 질라』(2013), 『뿌리의 근성』(2017) 등에 이어 벌써 열네 번째라고 한다. 놀라운 것은 그렇게 많은 작품을 지어내면서도 그 작품의 내면세계를 들여다 볼 때, 사물이나 인생을 대하는 심미안이 광활하고 깊으며 그 문학성이나 미학적 가치가 남다르게 뛰어나는 점이다. 이번에 상재되는 시조집 『북창 넋두리』는 굴곡 많은 삶에서 걷어 올린 깨달음의 인생철학이요, 시조미학의 언어술사가 펼쳐놓은 넋두리 같은 광휘의 노래다. 운해 송귀영 시인의 글은 사물에 대한 과장된 수사적 묘사나 평이한 생각의 나열이 아니다. 객관적 상관물에서 느껴지는 인상과 그 현상에서 수용된 개성적 심미안이 세미한 감성과 바다같이 깊고 넓은 사유의 세계와 만나서 광활하게 펼쳐지는 내면세계의 파노라마이다. 많은 시 작품을 감상해 보았지만 운해처럼 눈앞에 드러난 사물에 대하여 심도 있게 무변광대한 사색과 폭넓은 상상으로 시상을 전개해 나간 예는 드물다. 어떻게 이러한 놀라운 감수성과 시적 구사력이 거침없이 뿜어져 나올 수 있단 말인가? 이러한 놀라운 필력과 상상력은 본래 타고난 재능이기도 하겠지만, 필자의 판단으로는 무엇보다도 인백기천人百己千의 정신으로 창작에 열정을 쏟은 평소의 노력이 크게 작용했으리라 본다. 『북창 넋두리』의 시상 전개는 삶의 현장에서 나타난 현상을 스스로의 감성과 이성의 프리즘에 투시하는 깊고 예리한 눈으로 정곡을 찔러가며 인생을 반추해 보는 성숙한 인생 고백서이다. 필자는 이러한 시인의 작품세계를 더욱더 선명히 들여다보기 위하여 7개 부문별로 나누어 고찰해 보았다.

1. 회한悔恨의 세월 삭히기와 부활復活 의지

인생은 사랑과 추억을 먹고 산다. 그런 가운데 언제든 인간의 삶은 자기도 모르게 '미숙함'이라는 달갑지 않은 계단을 밟고 올라가야 한다. 오르면서 실족하여 넘어지고 고꾸라지고 상처받고 다시 일어서기 위해 안간힘을 다하여 몸부림쳐야 한다. 그리고 때때로 그 자리에 서서 자신의 궤적을 돌아보게 되는데, 그때마다 자기가 왜 넘어졌는지, 왜 상처를 받았는지, 왜 이런 몰골로 서 있어야 되는지 스스로 자문하며 책망할 때가 많다. 사실, 이런 과정은 누구나가 겪어나가는 삶의 한 패턴이다. 하지만, '인생의 성공자'란 이런 과정을 통해서 성장의 결함 요소를 찾아내고 그것을 보완하고 충전시킴으로써 부단히 새로운 인생을 창조해가는 지혜로움이 몸에 배인 사람이다. 운해 송귀영 시인의 글에서는 이러한 회한과 자아성찰의 면모가 밑거름처럼 요소요소에 자리 잡고 있어, 인생의 의미와 삶의 새로운 지침을 시사해 주고 있다.

> 철옹성 벽을 타고 / 시선을 당겨보면
> 서서히 뚜렷해진 / 여명 속의 끄트머리
> 한 맺힌 / 애욕의 빙벽 / 어둠이 무너지네.
>
> 견뎌낸 시간 틈이 / 너무나 잔혹하여
> 사는 게 어설퍼서 / 아랫입술 깨어 물고
> 뒤돌아 / 웃어볼 인생 / 고독의 뼈를 깎네.
>
> -「고달픈 삶 · 1」 전문

이 글에서 가장 감성의 인식이 뚜렷하게 다가오는 키워드는 '고독의 뼈'이다. 철옹성 벽으로 둘러싸인 세상은 차갑고 매정하다. 작가는 그 애욕의 빙벽 사이로 여명의 끄트머리를 바라보며 어둠의 그림자를 지우고, '웃어볼 인생'을 그리며 소망의 깃털을 세우고 있다. 세월은 잔혹하고 냉정하며 인생은 무척 힘들다. 그러나 우리네 인생의 운명은 누가 아닌 자기 혼자의 힘으로 개척해 나아가야 한다. 작가는 이 글을 통하여 밝은 미래의 창조를 위해서는 분골쇄신의 정신으로 고독의 뼈를 깎는 자기 연단의 필요성을 은근히 강조하고 있다.

텅 빈 몸 / 추슬러서 그리움 베고 누워
아득한 불면의 밤 / 상심이듯 품어 안고
이 한밤 / 뜬 새벽까지 / 생채기로 곪고 있다.

흙탕물 / 일으키며 젊은 피 빨아먹던
뜬구름 쫓아가며 / 헛발질로 보낸 세월
정수리 / 땅에 처박고 / 뉘우치며 땅을 친다.

-「회한」 전문

누구든지 그리움이나, 골치 아픈 당면 문제 때문에, 불면의 밤을 보낸 경험이 있을 것이다. 대개의 경우, 당면한 문제의 해결 방안을 궁구하느라 잠을 못 이루고 있으나, 자신의 지나온 궤적을 뉘우치며 후회와 한탄으로 밤을 지새우는 경우는 매우 드물 것이다. 이 글은 흙탕물 일으키며 젊은 피 빨아먹던, 뜬 구름 같은 허황된 인생을 살아왔던 자신의 부끄러운 궤적을 뉘우치고 후회하는 고백서이다. 이러한 글을 읽으면 운해 시인의 시적 감성의 바탕이 얼마나 진솔하고 순수한가를 알 수 있다. 언제 어디서 봐도 운해 시인은 소박하고 솔직하며 인정미 넘치는 인품의 향기가 풍겨 나오는 것은, 아마도 자신을 돌아보는 이러한 고백적 감성이 풍부하기 때문이리라.

세상을 찌르려는 뾰족한 송곳처럼
결기를 다지면서 발버둥을 치던 나날
불거진 힘줄을 모아 다시 한 번 오른다.

살던 땅 비바람을 받아낸 위업으로
만 갈래 그림자에 치욕마저 감내하며
문 열어 앞세운 세월 다부지게 맞선다.

-「부활」 2, 3연

재기의 몸부림은 언제 어디서 바라봐도 대견스럽고 아름답다. 실패는 성공의 어머니이고, 고진감래苦盡甘來의 부산물을 잉태하고 있기 때문이다. 이 글에서 작가는 실패를 디딤돌로 삼아 다부지게 인생을 개척해 나아가는 의연한 모습을 보여주고 있다. '인생은 고해苦海'라고 하였듯이, 살다 보면 온갖 풍파와 재난은 끝이 없다. 그러나 그 고난을 맞이하는 사람들의 태도에는 차이가 많다. 어떤 이는 좌절하여 그대로 엎어지고, 어떤 이는 의연히 일어선다. 이럴 때 건강한 시인은 글 속에다 자신의 시혼을 불어넣고 분연히 일어선다. 송나라 때의 대문장가 구양수歐陽脩는 "시궁이후공詩窮而後工"이라 하였다. '시는 곤궁함을 겪은 뒤에라야 잘 써진다'라는 말인데, 이 글에서의 작가는 결기를 다지면서 발버둥을 치던 나날을 돌아보고 빛바랜 삶의 치욕마저 감내하며 그것을 디딤돌로 부활의 시혼을 토해내고 있다. 필자는 글을 창작할 때, 늘 '시적 생명력'의 부여를 강조하고 있다. 앞날의 인생이 아름답고 밝게 전개되려면, 아무리 어두운 현실과 부정적 상황에 부닥쳤다 할지라도 긍정적 시안으로 바라보려는 시인의 태도가 필수이기 때문이다. 다작 작가인 운해 시인의 많은 글은 대부분 밝고 긍정적이며 미래 지향적이어서 생명력이 있으며, 많은 독자의 삶에 활기를 불어 넣어주고 있다.

2. 사색思索과 넋두리, 그리고 정갈한 삶의 추구

나이 들어 종심從心의 지경에 이르면, 하고 싶은 대로 행하여도 법도에 어긋남이 없다고 하였다. 운해 시인의 시편들은 인생에 대한 사색과 그 정갈한 삶의 이정표가 아주 선명하게 그려져 있다. 그래서 지난한 세월로부터 터득된 확고한 인생철학과 처세관이 누에의 실타래처럼, 넋두리처럼 거침없이 풀려나온다. 시상 전개의 압축이나 함축으로 절제미와 운율미를 나타내야 하는 시조문학의 특성을 고려하면서 손색이 없는 으뜸시조를 창작해 내기란 여간 힘든 일이 아니다. 그런데 운해 시인은 거시적 안목으로 정곡을 찔러가면서 현실을 들여다보고 단련된 필력으로 거침없이 시상을 전개해 나간다.

헐렁한 그림자에 저녁을 달군 시간

빛줄기 몰고 오는 껍질 속에 가둔 비밀
별빛은 눈을 감아야 영롱하게 빛을 낸다.

달콤한 격려보다 쓰디쓴 각성으로
인생을 만든다는 세간에서 떠도는 말
기댈 등 내밀지 못한 넉넉함이 인색하다.

네 허물 남의 탓을 모두 다 덮어두고
백설의 하얀 마음 가슴 안에 쌓아두면
하늘은 돕는 자 돕는 그런 날이 올 것이다.

-「당연한 이치」 전문

이 글에는 바른 세상을 지향하고자 하는 작가의 처세관이 잘 드러나 있다. 1연에서는 배경과 현실을 제시하고, 2연에서는 세간의 야박한 인심을 지적하고, 3연에서는 사람들이 지향해 나아가야 할 지침과 이상향을 그려내고 있다. 어떤 세상이 과연 이상적인 세상일까? 작가는 모든 허물을 다 덮어주고 관용을 베풀며 백설같이 순수하고 깨끗한 청심淸心으로 돌아가서 스스로를 도우면, 천심天心도 합력하여 선善을 이루게 해 준다는 지론에 도달하고 있다. 이러한 시상은 인과응보因果應報요, 사필귀정事必歸正의 해법에서 우러나온 것이겠지만, 어디까지나 작가의 정갈한 인생추구와 성숙한 인생철학, 그리고 확고한 신념에서 비롯된 착상이라 보아야 할 것이다.

투명한 유리창에 역광이 굴절하면
희멀건 구름 한 채 마음대로 떠다니다
햇빛을 가로막고서 산그늘에 드리운다.

윤회로 스친 눈길 쌍별이 뜨는 밤에
부엉이 울음소리 밤 깊은 줄 모르는데
땅거미 끌어안고서 달뜨기를 기다린다.

속죄의 마음인 양 넋두리 입을 막아
수습한 잔해조각 혼을 빚어 끌어안고
설움을 풀무질하며 검은 속내 태워본다
-「북창 넋두리」 전문

'넋두리'는 횡설수설이 아니다. 표출하려는 내심을 아무런 부대낌 없이 멋대로 읊어댈 때 넋두리가 된다. 특히 억울하거나 불만스러운 일 따위를 하소연하듯 길게 늘어놓을 때 넋두리가 된다. 이 글의 작가는 현실에 안주하지 못하는 자아를 안정시키지 못하고 북창을 향하여 낮부터 밤까지 서러운 속내를 토해내며 삭히려고 애쓰고 있다.

1연에서의 '희멀건 구름 한 채'는 어쩌면 허황한 세월을 정처 없이 떠돌다 산그늘 속에 묻혀버리는 자아의 모습을 그렸는지 모른다. 2연에서는 이미 어둠의 지경인 쌍별이 뜨는 밤에 이르자, 마지막 햇살의 흔적인 땅거미를 부여안고 어둠 속의 유일한 큰 소망인 달뜨기만을 학수고대하는 외로운 심성을 그대로 그려내었다. 그리고 마지막 3연은 기起, 서敍, 결結의 결부結部로서 부서진 영혼의 잔해를 수습하며 서러운 속내를 다 태워버리고 카타르시스의 경지로 돌아가려는 서정적 자아의 심리 흐름을 비유적 기법으로 잘 기술해 내었다. 이러한 작가의 시상 전개는 미국의 심리학자 윌리엄 제임스가 주창한 '의식의 흐름'stream of consciousness 기법을 연상케 한다. 이 글이 이번 시조집의 제목으로 대두된 것을 볼 때, 이 시조집의 시상들은 작가의 의식의 흐름의 한 부류라고 보아도 좋을 듯하며, 앞으로도 시적으로 할 말은 많고 하소연은 끝이 없으리라 예상된다.

마음에 낀 거품을 물살로 재워놓고
어디든 부는 바람 방향 따라 등 떠밀려
한 시절 소매를 걷고 깃털처럼 날고 싶다.

목마름 적셔가며 고개를 돌려보면
낮달을 품고 있는 하얀 하늘 달무리에
떨리던 가슴만큼을 햇살 채워 안고 싶다.

흙먼지 털어가며 속살도 씻어내어
깊은 물 고인 곳에 감긴 시간 풀어놓고
한 삶에 한낱 티 없이 거울처럼 살고 싶다.

-「염念」 전문

운해 시인의 시조에서 인생 좌표로 나아갈 방향 추는 늘 '정갈한 삶'의 추구에 맞춰져 있다. 그러기 위해서 운해 시인은 그의 시를 통하여 소망의 사색을 많이 하고 욕심의 가지치기를 게을리하지 않고 수시로 자아를 들여다보는 자기성찰에 충실하고 있다. 글을 사랑하는 순수한 문사들은 자연의 섭리에 순응하기를 좋아하고 세속적인 탐욕과는 거리가 멀다. 이 글에서도 시인은 바람 따라 순리 따라 깃털처럼 홀가분한 마음으로 흙먼지 털어가며 티 없이 거울처럼 살고 싶다고 토로하고 있다. 이러한 시심은 인간의 본향으로 돌아가려는 회귀의식이며, 소위 안분지족安分知足하며 자연과 물아일체物我一體의 경지에 몰입하면서 탈속하던 옛 선비들의 청초한 삶을 그리워하는 성향이다.

3. 서툰 추억 줍기와 삶의 궤촉軌躅 돌아보기

사람이면 누구든지 잊지 못할 아름다운 추억과 슬픈 추억을 지니고 있다. 필력이 모자라는 문외한이면 모르겠거니와, 시인은 이러한 인생의 궤적을 사진 찍듯 글로 남기고 싶어 한다. 이제 산수傘壽를 바라보며 인생의 거친 풍파와 끊임없이 싸워온 운해 시인은 외유내강外柔內剛에 말수가 적은 편이라 아마도 남보다 더 사무친 사연이 많을 터이다. 운해 시인의 작품세계에는 그의 아호 '운해澐海'처럼 큰 물결이 이는 만경창파 인생 파고를 줄기차게 견디면서 타고 넘다가 부르짖는 하소연이 많다. 때론 슬퍼서 흐느끼고 때론 머뭇거리다 주먹 쥐고 몸부림치며 앞으로 나아가면서 읊조리는 파란만장한 장한가長恨歌이기도 하다.

사무친 그늘 아래 두 주먹 불끈 쥐고
가슴속 패인 주름 펴지 못한 진한 사연
이겨진 아린 추억에 허물 벗겨 씻겨낸다.

목메어 흐느끼며 허물이 얼룩지는
울음보 터트리다 열린 길이 닫힌 한 때
그 추억 벅차게 즐겨 그늘 한 채 품고 있다.

하얀 뼈 추스르듯 비껴간 아픈 추억
내안에 걸머진 짐 무거움도 감당하며
들뜬 맘 주체 못해서 눈시울을 붉히었다.

-「서툰 추억 줍기」 전문

필자가 보기에 운해 송귀영 시인은 무척 온유돈후한 인상을 풍겨준다. 예기禮記에 '온유돈후溫柔敦厚함이 시교야詩教也'라고 하였는데, 어찌 보면 마음 넓고 부드러운 선비요, 어찌 보면 시선詩仙 같기도 하다. 그러면서도 그의 글을 읽어보면 민초의 심성을 닮아 소박하고 진솔하며, 그 감성적 표현은 무척 여리고 예민하다. 이 글에서 화자의 내심에는 '가슴속 패인 주름 펴지 못한 진한 사연'이 있다. 아마도 추스르기 힘든 뼈아픈 추억이리라. 그는 그것을 허물 벗겨 씻어내고 울음보 터트리다 좌절하면 그냥 그대로 그늘을 품고 견디다가 그 무거움 감당하며 눈시울을 붉힌단다. 겉으론 중후하고 산 같지만, 매우 가늘고 여린 시심이다. 바람에 흔들리는 풀잎처럼, 가는 나뭇가지처럼 흔들리고 흐느끼는 세미한 감성이다. '흔들리며 피는 꽃이라야 건강하다' 했는데, 아마도 이러한 그의 시적 에스프리는 그의 시를 한층 수준 높은 경지로 끌어올리는 요인이 되었을 것이다. 운해 시인은 시조문학상, 대은문학상, 월하시조문학상, 역동시조문학상, 안정복 문학상 같은 명망 높은 큰 상을 수상한 작가이다. 이러한 시조들의 작가적 재능과 창작 필력을 돌아볼 때, 그러한 그의 수상 영광은 당연한 결과가 아닌가 생각된다.

사무쳐 돌고 돌아 홀연히 멈춰선 길
골속 깊이 흐른 눈물 알뜰하게 훔쳐 담고
한없이 출렁거렸던 늑골 틈이 저려왔다.

하얗게 들뜬 방황 그늘도 못 가리고
비탈길 굽이돌아 깃털 하나 날린 채로
불면이 휩쓴 지난 날 갈빗대가 휘청됐다.

지독한 가난 속에 오므린 한숨소리
빈손을 치켜든 채 짚어보는 정강이 뼈
한 삶에 지친 육신을 세월 틈에 기대었다.

-「삶의 궤촉軌躅」 전문

이 글도 모진 세월의 횡포 속에 사무친 한을 품고 방황과 눈물로 한숨짓다 지친 육신을 머뭇거리며 세월 틈에 기대보는 화자의 심리와 거취가 잘 드러나 있다.

사람이 어찌 정해진 순풍 길로만 꼿꼿이 걸어갈 수 있단 말인가! 험한 세파에 때론 비척거리고 때론 머뭇거린다. 이 글에서는 늑골 틈이 저려오고, 갈빗대가 휘청대고, 몸서리치는 궁핍이 엄습해 와도 한숨소리 숨기며 세월의 벼랑 틈 사이에서 재기의 숨고르기를 하고 있는 화자의 면모가, 여린 듯하지만 내심으론 자못 의지적으로 나타나 있다. '유능제강柔能制剛'이란 말도 있거니와, 외유내강의 시상 전개가 미묘한 상상의 탄력을 제공하면서 달관한 듯한 인상을 풍겨주고 있다. 이러한 인식을 갖게 되는 것은 작가의 험난한 인생과 문단 경륜에서 우러난 신념과 유연한 필력 때문이라고 판단된다.

4. 계절의 순환성과 신비성에 대한 인식과 풍부한 감수성

운해 송귀영 시인은 인간의 존재를 대자연 속의 한 부분으로 인식하고, 자신은 광활한 우주 속의 한 점에 불과한 미물의 존재로서 대응한다. 그렇기 때문에 그러한 시적 자아는 자연의 섭리에 따라 순응하기를 좋아하며, 더불어 계절의 순환성과 신비성을 잘 감지하고 있다. 운해 시인의 많은 시편이 이러한 자연 속의 계절 감각과 그에 따른 신비성, 그리고 자연과 인생을 넘나드는 영적 교감과 푸릇푸릇 다가오는 기다림의 정서가 일품이다.

A

계절의 한복판을 지배한 순리들이
질투로 날카롭게 뜨거움을 담아내고
계절이 / 동력을 뿜어 / 맑은 하늘 열고 있다.

-「계절의 신비」 3연

B

긴 머리 잘라 볼까 손질만 그냥 할까
봄빛은 심란하여 여인네들 마음 같고
봄 색깔 헌걸차게도 꽃바람이 분주하다.

저마다 휑한 가슴 뜸들여 견디다가
감정이 섬세하게 제몫만큼 흥을 품어
춘색도 자지러지게 꽃 비늘로 팔랑댄다.

-「봄나들이」 2,3연

C

훈풍에 스친 잎이 잔잔히 흔들리면
조아려 품은 마음 오지랖에 훔쳐 넣고
옛사랑 오실지 몰라 조급함이 앞선다.

-「기다리는 봄」 제3수

글 A에서, 작가는 계절의 순환성과 신비성을 노래하고 있다. 자연의 순리는 때론 질투하듯 뜨겁게 달군 계절도 담아내고, 그 순환성의 동력으로 맑은 하늘을 선보이기도 한다. 글 B는 봄나들이의 상춘 감성을 재치 있게 묘사하였다. 화자는 만화방창한 날, 마치 춘심에 흠뻑 젖은 봄 처녀의 들뜬 마음처럼 흥겹고도 춘색이 짙다. 꽃바람이 분주하고 춘색도 자지러지게 꽃 비늘로 팔랑댄다니, 어찌 이리 심란한 춘정을 나부끼는 꽃바람에 실어 잘도 표현했는지 읽는 이도 춘심에 빠진다.

글 C에는 춘절의 감성을 타고 오는 옛사랑의 그리움을 마치 여성적 감성인 듯 시상을 전개하여 큰 감동을 준다. 이 글의 전 편이 3수로 이루어져 있는데 세 번째 수인 이 한 연만 가지고도 단수로서의 충분한 역할 기능을 다하고 있다. 초·중장의 결과로 인해 종장에서는 '옛사랑 오실지 몰라 조급함이 앞선다.'니, 봄빛 타고 오는 기다림의 정서가 훈풍 속에 간절하기만 하다. 이 글은 3수의 마지막 연이지만, 이 한 수로써 단수시조의 절제미와 완결미를 느낄 수 있어, 시조의 미학적 즐거움을 맛볼 수 있는 좋은 본보기라고 생각된다.

5. 내면의 갈등 속에서 빚어낸 정밀靜謐한 외침

운해 송귀영 시인의 많은 시가 가슴에 담아 뒀던 정밀한 내면세계의 외침과 절규이다. 굴곡진 삶의 노정에서 울툭

불툭 겪게 되는 갈등과 기웃거림, 그리고 영광의 그림자 뒤에서 흐느끼는 희생이란 존재도 함께 누워 있다. 논어에 '술이부작述而不作'이라 하였지만, 운해의 작시 풍은 연세답지 않게 고루하지 않고, 시적 감성의 폭이 크고 예민하며 신선하고 출렁임이 많다.

> 고독한 적막 속에 지난날 깊이 재며
> 어둠을 밀쳐내는 오늘밤의 엷은 불빛
> 번민을 보듬어 주듯 낙심도 삭혀준다.
>
> 부활을 하지 못해 사랑을 아파하던
> 그 순간 너무 아려 불면의 밤 붙잡고서
> 어젯밤 회귀 못하는 오늘밤이 흘러간다.
>
> 지난밤 찬바람이 오늘밤 가슴속에
> 은근한 요분질로 시공간을 쪼개가며
> 끝없는 존재의 입김 부질없이 괴어 낸다.
>
> -「존재의 입김」 전문

그리움과 번민, 그리고 사랑의 감성은 낮보다는 밤에 더 활짝 피어난다. 그러기에 사람들은 밤 고민을 더 많이 하며 때론 반갑지 않은 불면의 밤을 맞이하기도 한다. 이 글은 화자 내면에서 우러나오는 한이요, 침묵의 소리다. 사랑을 아파하던 지난 날로 다시 회귀하지 못하는 자아의 현실적 아쉬움이 '밤'과 '입김'이라는 감성적 시어를 타고 실존의식을 바탕으로 잘 나타나 있다. 여기서 실존은 현실이지만 껍데기로 비유될 수 있는 아쉬움과 무아의 실체이기도 하다. 지나간 밤의 아름다운 추억이 아무리 은근한 요분질로 유혹해도 실존은 무아이기에 모두가 다 부질없고 헛된 망상이다. 운해 시인은 겉보기와는 달리, 이렇듯 감성의 폭이 넓고 미세하며 그 표현도 실타래처럼 거침없이 흘러나와서 일필휘지다. 인간이면 누구든지 가슴 속에 담겨진 한과 정서가 있다. 그러나 대부분의 사람은 그것을 다 표출해 내지 못한 채 그대로 간다. 훌륭한 작가란 자신의 내면세계를 어떻게 효과적으로 잘 표출해 내느냐에 달린 것인데, 이러한 작품들을 통해 운해 시인의 시적 능력과 필력을 잘 가늠해 볼 수 있다.

발바닥 무디어서 더 갈 데 없는 먼 길
텃새도 추위 떨며 산 그림자 따라가던
호젓한 모퉁이 돌아 오늘이 늙어간다.

아득히 꿈은 깊어 부대낀 갈등으로
품어온 고백 따윈 안쪽 깊게 우겨넣고
시간을 갉아 먹은 채 언 땅이 침잠한다.

어둠의 잔주름에 변명도 힘에 겹고
낯 설은 욕망마저 주저앉은 모습으로

야한夜寒의 갈등 앞에서 고독이 치받친다.

-「야한夜寒의 갈등」 전문

작가는 이 글을 "시대의 어둠속 정서를 경험이나 또는 체험을 통해 서로를 은밀히 걸러내는 삶의 모습들을 강한 서정성으로 표출하려는 시도였다. 갈등과 함께 어둠속으로 사라지는 낯선 모습에 다가서며 절실한 삶의 촉각을 독자들 앞에 디밀어 보이고 싶었다."라고 하였다. 이러한 창작 의도를 볼 때, 이 글에서는 결국 현실에서 부딪치는 처참한 고통마저 가라앉히고, 희망으로 이어갈 수 있도록 한 가닥 삶의 길을 찾아가려는 서정적 자아의 내면 의지를 감지할 수가 있다. 현실의 벽은 늘 차갑고 높기만 하다. 그리고 춥고 떨리며 힘겹고 때론 끔찍하기도 하다. 그래서 서정적 자아는 품어온 고백도 안쪽 깊게 우겨넣고 갈등 앞에서 치받치고 고독마저 수용하면서 은근히 내면 의지를 다짐하고 있는 것이다. 심리학자 프로이트Sigmund Freud가 억압된 사고와 감정, 기억이 저장되어 있는 무의식 속의 세계를 밝히려고 했듯이, 이 글은 외부 환경으로부터 영향을 받은 화자의 내면심리가 '갈등'이라는 고비를 겪으면서 은근한 극복의지로 나타난 좋은 예이다.

6. 인간미와 연민憐憫, 그 아름다운 애타愛他 정신

사람답다는 말은 인간미가 있다는 뜻이다. 운해 시인의

작품 세계는 일반 작가들에 비해 전개되고 있는 사유思惟의 범위가 무척 광대하고 다양하다. 그리움과 사랑, 고독과 갈등, 세태 풍자와 회귀의식 등 다양한 주제가 그의 작품들 속에서 넘나든다. 그러나 그러한 심각한 내용들 속에 끼어 있는, 서민적인 도타운 인정미와 애타심의 작품들은 독자들의 마음을 한껏 끌어들여 시적 공감의 흡입력이 강하다.

청춘을 숨 가쁘게 달리듯 하면서도
덧없는 인생자락 한세월이 늘어질 쯤
권하는 술잔 속에서 너털웃음 거품이네.

막걸리 한 사발을 단숨에 들이키며
턱 수염 쓰다듬고 느긋하게 뒷짐 지면
깍두기 시큼한 맛에 하얀 하늘 텁텁하네.

풍류의 옛 선비들 세상사 넘나들며
떠돌다 지칠 때면 술에 기대 읊던 구절
인생사 뜬 구름인 양 허무함을 토했다네.

-「막걸리 타령 · 1」 전문

이 글을 읽으면 한호韓濩의 고시조 '짚방석 내지 마라 ~ 아희야 박주산채일망정 없다 말고 내어라'가 떠오른다. 시조의 전편에 걸쳐 화자의 소탈하고 넉넉한 인품과 선비풍의 문향을 맛볼 수 있다. 아무리 인생이 덧없고 허무해도 벗님네와 막걸리 한 잔 들이키면 너털웃음 거품일고 야박한 세상도 그저 텁텁해지며, 옛 선비들의 풍류에 빠져들어 허무함도 다 토해 낸단다. 공자가어孔子家語에 '수지청즉무어水至清則無魚하고 인지찰즉무도人至察則無徒'라 하였는데, 날카롭고 힘겨운 세상인심 너무 꼿꼿하고 숨 가쁘게 매달리며 안달하지 말고, 느긋하게 뒷짐 지고 옛 선비들처럼 소탈한 인간미와 여유를 찾고자 하는 화자의 인생관이 깃들여져 있다. 이 글은 주제를 향한 시상의 전개가 선명하고 미각적 이미지를 통한 감각적 표현이 인상적이며, 각 수의 말미에 '~네' 라는 각운까지 부여하여 정형시로서의 맛과 멋을 한껏 살려낸 좋은 시조이다.

살아온 고비마다 물집 진 굳은살로
팍팍한 저잣거리 버거운 삶 견뎌낼 때
손 한번 내밀지 못한 여유마저 야박하다.

허술한 노숙자의 힘겨운 저녁 시간
견디지 못한 허기 슬픈 목을 옥죄이고
헛걸음 궁지에 몰려 신음소리 낭자하다.

떠도는 실직자들 육신을 엎드린 채
눈시울 촉촉하여 갈증 한번 풀지 못해
밤새워 꿈꾼 허무에 별 떨기만 초롱하다.

-「갈등의 시간」 전문

이 글에는 작가의 인정미와 애타정신이 잘 드러나 있다. 이 글에서 왜 작가는 그 제목을 '갈등의 시간'이라 하였을까? 아마도 저잣거리의 소외된 존재에 대한 자신의 따뜻한 손길이 매우 미약하였음에 대한 자책감의 표시일 것이다. 시상의 전개도 대상 자체의 묘사에만 치중하는 것이 아니라, 소외된 대상을 바라보는 자신의 처지와 몰인정을 더 부각시킨 듯하다. 이러한 화자의 태도는 힘겨운 노숙자와 같은 처지를 남의 일이 아닌 내 일로 보고 가련한 영혼들을 감싸 안아 위무하고 치유하려는 애타정신愛他精神에서 기인된 것이라 본다. 작가는 「광장의 노숙자(1)」에서도 동일한 연민의 정을 잘 표현하였다. 저잣거리에서 허기진 목을 옥죄이고 엎드려 흐느끼며 신음소리 낭자한 슬픈 영혼들, 그들에게 따뜻한 손길 한번 내밀지 못한 야박스러움과 매정함이 독자들에게 스스로를 돌아보게 한다.

7. 시국時局 걱정과 시조時調 사랑

운해 시인은 그 의식의 흐름이 긴 세월을 꿰뚫고 있다. 자신의 실존은 긴 역사 속으로 관류하는 하나의 빛줄기로 인식하고 맞물린 갈등과 시간의 벽 앞에서 때론 탄식하고 때론 분노한다. 그는 시간의 벽 앞에서 책임감을 느끼고 더 나아가지 못해 때론 조급증을 앓고 시국 걱정도 한다.

이러한 시상은 작가가 자신의 존재를 역사 속의 책임 있는 한 개체로 보고 앞으로 나아가려는 미래 지향적 사고 때문이라 생각된다. 운해 시인이 '시조'라는 문학 장르를 좋아하고 거기에 탐닉하는 것도, 아마도 시조는 오랜 전통 속에 이어 내려오는 역사의 한 존속물이기 때문에 그 고유한 전통성과 시간성에 따른 소중함이 타 장르보다 앞서기 때문이리라.

맞물린 갈등 속을 어둠이 막아선 벽
허공에 목매여서 떠밀리던 벼랑 끝에
양미간 핏대를 세워 정수리가 아리다.

엇각에 긁힌 상처 낯 설은 고독으로
살가운 잠언마저 귓전에서 맴도는데
시간은 자꾸만 늙어 조급증만 더한다.

-「시간의 벽」 2,3연

이 글이 독자들의 눈에 번쩍 뜨이게 되는 것은 동원된 시어와 세월 속 내면의식의 흐름이 매우 시적이고 형상화가 잘 되어 있다는 것이다. 안 보이는 것을 보이는 것처럼, 추상적인 것을 구상적인 것으로 인식시켜줄 때, 시로서의 품격은 높아진다. 시행의 하나하나가 다 구체화, 구상화가 잘 이루어져 있다. 시간이 자꾸만 늙어 조급증만 더해간다니, 엇각에 긁힌 상처를 부여안고 시간에 종속되어 안타까

워하는 서정적 자아의 모습이 눈앞에 실감 있게 나타난다.

집안에 / 싸움질이 끝없는 극단까지
세상사 뒤집혀도 / 부릅뜬 눈 안쪽으로
너와 나 / 담을 쌓으며 / 끝장을 보려 한다.

기이한 / 이간질로 갈등을 부추기고
우리식 논리대로 이 독특한 가치 주장
세계의 / 궁금한 시선 / 서울을 째려본다.

-「세계의 시선」 전문

이 글은 시국 걱정에서 비롯된 연시조이다. 나라 정치의 고질화된 당쟁을 다소 직설적 표현으로 꼬집었다. 민주주의에서 여야 당파는 당연히 존재해야 하는 것이지만, 우리 정치의 현실은 국익을 위한 건전한 당쟁이라기보다 당리당략에만 몰두하고 있으니, 흑백논리가 나오고 온갖 이간질로 갈등을 부추기는 일이 비일비재한 것이다. 객관적 안목으로 평가해 본 우리 정치인은 밖으로는 지나치게 굽실거리고, 안으로는 우리끼리 피 터지게 싸운다. 나라의 안위가 걸린 이때, 세계의 궁금한 눈초리들이 따갑도록 우리 정치의 한복판을 째려보고 있으니, 이 글이 주는 의미가 사뭇 정문일침頂門一鍼의 따끔함을 던져주고 있다.

사색에 풀무질한 / 뜨거운 박동의 피

의식을 일깨우며 시조 한 행 빚어내면
번뇌에 / 방황하던 넋 / 흔적으로 아롱진다.

욕심을 버린 것도 / 영혼을 얻은 것도
건필 할 집념 있어 / 오늘까지 나를 잡아
세속에 / 죄지은 업보 / 감내하며 지탱했다.

-「시인의 업보」 전문

이 글에는 시조시인으로서 숙명처럼 업보처럼 시조를 써야 하는 작가의 순명의식順命意識이 잘 드러나 있다. '사색에 풀무질한 뜨거운 박동의 피'는 시상을 얻어 창작의 열매를 맺고자 노력하는 뜨거운 열정을 뜻할 것이다. 그러한 뜨거운 열정으로 엮어낸 시조는 방황하던 넋을 기념비적 흔적으로 아롱지게 한다. 이 글 속의 서정적 자아는 시조 창작에 몰두, 건필하는 집념이 있어 욕심도 버리고 영혼도 새롭게 태어났기에 세속에 죄지은 업보도 충분히 감내하며 삶을 이어 간단다. 시조시인으로서의 소명의식이 잘 나타나 있고, 매우 건설적이며 긍정적인 시인의 마음이 아닐 수 없다.

지금까지 운해 송귀영 시인의 시조집 『북창 넋두리』에 나타난 작품세계를 훑어보았다. 운해 시인은 시조문학의 대가이다. 폭넓은 시상과 일필휘지의 필력은 문단에 정평이 나 있다. 그는 과묵하고 중후한 외모를 지니고 있지만,

작가로서의 그 목소리는 놀랄 만큼 섬세하고 감성적이다. 생텍쥐베리는 '가장 중요한 것은 눈에 보이지 않고 마음으로 보아야 한다.'라고 했는데, 운해 시인의 시조들은 마음의 눈으로 읽어야 한다. 운해 시인의 눈은 돌에서 흘리는 피를 볼 수 있으며, 귀로는 돌이 호소하는 목 메인 목소리까지 듣는다. 특히 갈등의 경지에서 서성이는 자아의 실존의식과 빛바랜 현실을 바라보는 그의 시선은 사뭇 날카롭기만 하다.

그리고 시조단의 나아길 길에서도 그는 주저 없이 앞장을 선다. '시조의 현대화'라는 미명 하에 각종 탈격형의 양산으로 자유시와의 경계가 불분명해고 시조문학의 존립마저 위태롭게 느껴지는 이때, 한 점 흐트러짐 없이 정격시조를 쓰고 있으며, '시조 바로쓰기운동'에 시범을 보이고 있다. 이러한 그의 문학적 위상은 오로지 시조 창작을 숙명처럼 업보처럼 생각하고 거기에 몰두하는 그의 평생 집념 때문일 것이다. 시조미학의 조련사요 표현의 마술사인 운해 시인! 그는 시조단의 으뜸 주자이다. 이번에 상재되는 굴곡진 삶에서 걷어 올린 깨달음의 시조미학 『북창 넋두리』는 많은 독자의 심금을 울려서 메마른 가슴을 적셔주고, 큰 반향을 일으킬 것으로 믿는다.

2019년 01월 새해를 맞아 삼익재에서

문학박사 이광녕

북창 넋두리

송귀영 제14 시조집

1판 1쇄 발행 2019년 1월 15일

지 은 이 송 귀 영
펴 낸 이 김 진 수
펴 낸 곳 한국문화사
등 록 1991년 11월 9일 제2-1276호
주 소 서울특별시 성동구 광나루로 130 서울숲IT캐슬 1310호
전 화 02-464-7708
팩 스 02-499-0846
이 메 일 hkm7708@hanmail.net
홈페이지 www.hankookmunhwasa.co.kr

책값은 뒤표지에 있습니다.

잘못된 책은 구매처에서 바꾸어 드립니다.
이 책의 내용은 저작권법에 따라 보호받고 있습니다.

ISBN 978-89-6817-721-7 03810

이 도서의 국립중앙도서관 출판예정도서목록(CIP)은 서지정보유통지원시스템 홈페이지(http://seoji.nl.go.kr)와
국가자료공동목록시스템(http://www.nl.go.kr/kolisnet)에서
이용하실 수 있습니다. (CIP제어번호: CIP2018042271)